Caio Lasagno

Cina e Stati Uniti

AF154732

Caio Lasagno

Cina e Stati Uniti

Inasprimento commerciale e competizione egemonica

ScienciaScripts

This book is a translation from the original published under ISBN 978-613-9-73986-8.

Publisher:
Sciencia Scripts
is a trademark of
Dodo Books Indian Ocean Ltd. and OmniScriptum S.R.L publishing group

120 High Road, East Finchley, London, N2 9ED, United Kingdom
Str. Armeneasca 28/1, office 1, Chisinau MD-2012, Republic of Moldova, Europe
Printed at: see last page
ISBN: 978-620-6-23951-2

RICONOSCIMENTI

Vorrei ringraziare il professor Helton Ouriques per la sua guida e i suoi suggerimenti per rendere il lavoro pronto.

Vorrei ringraziare i professori di economia dell'UFSC per aver fornito momenti di riflessione e di apprendimento durante il corso.

Vorrei ringraziare in particolare i miei familiari per il sostegno e la comprensione dimostrati nei confronti della mia scelta di studiare economia. Un ringraziamento speciale a tutti gli amici con cui ho potuto godere della compagnia in questi ultimi anni e al mio attuale partner per il contributo sostanziale nella formattazione del lavoro e la pazienza durante la sua esecuzione.

1

"Ti spiego per confonderti.
Ti confondo per illuminarti".

(Tom Zé)

SOMMARIO

L'obiettivo di questo articolo è quello di tracciare la crescita e il declino dell'egemonia statunitense nel mondo a partire dalla Seconda guerra mondiale.[a] . Parallelamente, utilizzando praticamente lo stesso arco temporale, viene tracciata una rapida panoramica dell'economia cinese di Mao-Tsé Tung, con particolare attenzione alle riforme di Deng-Xiao Ping. Dopo queste rassegne storiche, viene fatta un'analisi statistica del commercio estero sino-americano per sostenere la discussione finale sul fatto che la Cina è oggi un concorrente dell'egemonia nordamericana.

Parole chiave: relazioni sino-americane; commercio internazionale; crescita cinese; competizione egemonica

SOMMARIO

CAPITOLO 1

INTRODUZIONE

1.1 ARGOMENTO E PROBLEMA DELLA RICERCA

Il seguente lavoro rientra nell'ambito dell'Economia Internazionale e della Storia Economica, con l'obiettivo di affrontare le relazioni tra Stati Uniti e Cina con particolare attenzione a: (1) la traiettoria storica di queste due nazioni a partire dalla Seconda guerra mondiale per gli Stati Uniti e dalla Rivoluzione socialista di Maó-Tsé Tung per la Cina; (2) dimostrare attraverso dati statistici il rafforzamento delle relazioni commerciali e diplomatiche tra la Cina e gli Stati Uniti a partire dagli anni Settanta; (3) concludere se la Cina può essere un concorrente dell'egemonia statunitense nel breve periodo o solo nel lungo periodo.

1.2 OBIETTIVI

1.2.1 Obiettivo generale

Determinare se la Cina è in grado di competere per la posizione egemonica nel sistema interstatale nel breve termine o se questa possibilità è possibile solo nel lungo termine.

1.2.2 Obiettivi specifici

a) Eseguire una breve rassegna storica della costruzione dell'egemonia statunitense nel XX secolo dopo la Seconda guerra mondiale, della sua ascesa negli anni successivi e del suo declino.

b) Fornire una breve rassegna storica della Cina dopo la rivoluzione socialista di Mao Zedong, con particolare attenzione alle riforme economiche degli anni '70 e alle loro conseguenze.

c) Analizzare il commercio sino-statunitense a partire dagli anni '80 e mettere in relazione i dati con la strategia di sviluppo cinese e il rapporto competitivo tra questi due Paesi.

d) Valutare lo status della Cina come contendente per l'egemonia nel breve o nel lungo periodo.

1.3 METODOLOGIA

Il metodo utilizzato per raggiungere gli obiettivi di questo lavoro è stato la raccolta di informazioni e dati da libri, testi, articoli, lavori di completamento dei corsi e *siti web*.

Per strutturare la rassegna storica dell'egemonia statunitense, sono stati utilizzati due autori fondamentali: Giovanni Arrighi nei suoi libri "Il lungo XX secolo" del 1996 e "Adam Smith a Pechino" del 2008, e Immanuel Wallerstein nel suo libro "Il declino del potere americano" del 2004. Di entrambi gli autori sono stati utilizzati i concetti di egemonia proposti nei libri. La struttura cronologica della sezione segue quella dei libri e, oltre ad essi, sono stati utilizzati altri documenti accademici sul tema, come monografie, articoli e tesi di laurea.

Utilizzando praticamente lo stesso arco temporale dell'analisi storica statunitense, la rassegna storica cinese inizia dopo la rivoluzione socialista. In accordo con gli obiettivi del lavoro, l'enfasi è stata posta sui periodi successivi agli anni '70, data la vicinanza dei Paesi oggetto del lavoro. A tal fine, sono stati utilizzati diversi autori, soprattutto articoli di argomento economico e storico.

I dati riportati nel documento provengono da siti web. I database utilizzati sono UNCTAD, Banca *Mondiale*, Unesco, *Osservatorio della complessità economica*, U.S. Census *Bureau*, IndexMundi e *CIA Factbook*.

Il lavoro finale del corso sarà presentato in 4 sezioni che comprendono: (1) una storia del consolidamento dell'egemonia statunitense a partire dalla seconda guerra mondiale, basata principalmente sui libri "Il lungo XX secolo", "Adam Smith a Pechino" di Giovanni Arrighi e "Il declino del potere americano" di Immanuel Wallerstein; (2) una rassegna della storia economica cinese a partire dalla rivoluzione socialista, ma con maggiore enfasi sulle riforme economiche del 1970 e del 1990; (3) utilizzo di dati statistici per dimostrare il rafforzamento delle relazioni sino-americane a partire dal 1970 e il loro consolidamento negli anni Novanta, cercando di dimostrare la partnership tra i due Paesi, soprattutto per quanto riguarda la crescita di entrambe le economie; (4) concludere, dall'esame dei dati e della storia di entrambi i Paesi, se la Cina si presenta nel breve termine come un concorrente dell'egemonia nordamericana o se dipende dalle relazioni esistenti tra i Paesi.

1.4 QUADRO TEORICO

Negli anni Settanta, il mondo ha seguito la ripresa delle relazioni diplomatiche e commerciali tra la Cina e gli Stati Uniti (CARVALHO; CATERMOL, 2009). Ciò è avvenuto durante un periodo di insicurezza generato dalla Guerra Fredda, dal fallimento del Sistema di Bretton Woods e anche dalle riforme economiche sostenute in Cina durante la transizione del potere da Mao Zedong a Deng Xiaoping (HUNG, 2008).

Le riforme economiche proposte dalla Cina sono in linea con il modello adottato qualche anno prima da altri Paesi dell'Asia orientale. Questa strategia di sviluppo è stata caratterizzata da un forte coinvolgimento dello Stato in settori selezionati e da una forte propensione all'esportazione. I maggiori esponenti di questo modello sono Giappone, Corea del Sud, Taiwan, Hong Kong e Stati Uniti.

Kong e Singapore. Questi Paesi sono diventati le cosiddette "Tigri asiatiche". La Cina ha utilizzato la stessa strategia, iniziando un po' in ritardo, ma grazie alla sua popolazione e alle sue dimensioni economiche è stata scelta come possibile concorrente del dominio statunitense nel lungo periodo. (HUNG, 2011)

5

Nei decenni successivi, quindi, il mondo ha seguito la crescita delle relazioni commerciali sino-americane. A partire dagli anni '90, la Cina ha iniziato a registrare notevoli risultati economici, trainati principalmente da grandi afflussi di investimenti diretti esteri, da un forte aumento della produzione, dalla crescita del PIL e da ingenti investimenti in infrastrutture.

Tuttavia, dall'inizio del secolo, la Cina ha assunto un ruolo ancora più forte sulla scena mondiale. Nel 2002, il commercio sino-statunitense ammontava a 125,19 miliardi di dollari e nel 2012 a 452,62 miliardi (CENSUS, 2014). Inoltre, l'interazione tra questi due agenti sta diventando sempre più comune, con i termini *progettato negli USA* seguito da *assemblato in Cina* (CARVALHO; CATERMOL, 2009).

Attualmente si assiste ad un aumento della complessità dei beni prodotti dalla Cina, ovvero non si acquistano solo beni a bassa complessità tecnologica e a basso valore aggiunto, caratterizzando un nuovo inserimento nel breve-medio periodo dell'economia cinese (GEREFFI, 2008).

Dalla crisi del 2008, nota anche come crisi *dei subprime*, il rapporto sino-statunitense ha subito alcuni cambiamenti, in quanto alla vigilia dello scoppio della bolla la Cina è emersa come il più grande esportatore verso gli Stati Uniti e allo stesso tempo il suo più grande creditore, finanziando il deficit delle partite correnti degli Stati Uniti e sostenendo la loro capacità di assorbire le importazioni. Se da un lato le esportazioni a basso costo della Cina hanno contribuito a ridurre l'inflazione statunitense, dall'altro l'acquisto senza precedenti di titoli del Tesoro americano ha contribuito a ridurne il rendimento e, di conseguenza, i tassi di interesse statunitensi. In questo modo, negli ultimi anni la Cina è emersa come il principale sostegno alla vitalità economica degli Stati Uniti (HUNG, 2011).

I concetti utilizzati nel documento si trovano nell'articolo di Arienti e Filomeno (2006). Il primo è quello di sistema-mondo. Arienti e Filomeno (2006) definiscono questo concetto come "un'unità spazio-temporale, il cui orizzonte spaziale è co-estensivo con una divisione del lavoro che permette la riproduzione materiale di quel mondo. La sua dinamica è guidata da forze interne e la sua espansione assorbe aree esterne e le integra nell'organismo in espansione" (p. 103). Il concetto di economia mondiale, invece, può essere definito da "una divisione del lavoro integrata attraverso il mercato piuttosto che attraverso un'entità politica centrale" (p. 104).

Un altro concetto necessario per questo lavoro, presente anche nell'articolo di Arienti e Filomeno (2006), è quello di catene di merci. Questo concetto si riferisce generalmente al commercio a lunga distanza, che va oltre i confini territoriali degli Stati nazionali. Si tratta di filiere produttive che vanno dall'estrazione delle materie prime alla trasformazione del prodotto. Questo movimento, dall'estrazione alla trasformazione della materia prima, avviene soprattutto alla periferia e al centro del sistema. In genere, la periferia del sistema è costituita da quei Paesi in cui le borghesie nazionali non hanno molto potere all'interno del sistema e sono relegate a produrre la parte meno redditizia della catena. D'altra parte, il centro del sistema è dove si trova il comando del sistema, la borghesia più forte, che può così appropriarsi della parte più redditizia della produzione (ARIENTI; FILOMENO 2006).

Infine, l'ultimo concetto che si rivelerà essenziale per questo lavoro si trova, ancora una volta, nel lavoro di Arienti e Filomeno (2006). Il concetto utilizzato è quello di egemonia; in questo lavoro, l'egemonia è definita come la situazione in cui la rivalità permanente tra le cosiddette grandi potenze è talmente sbilanciata che una potenza è di fatto la più grande tra le altre, tanto da poter imporre le sue regole e i suoi desideri al sistema mondiale, in ambito economico, politico, militare, diplomatico e persino culturale.

CAPITOLO 2

GLI STATI UNITI D'AMERICA

2.1 IL CONSOLIDAMENTO DELL'EGEMONIA NORDAMERICANA - LA SECONDA GUERRA MONDIALE

Alla fine della Seconda guerra mondiale, gli Stati Uniti si trovavano in una posizione molto privilegiata rispetto ai Paesi partecipanti alla guerra. Ciò era dovuto principalmente alle sue prestazioni durante la guerra. In un primo momento, gli Stati Uniti erano produttori di armi, attrezzature e cibo per i Paesi alleati. Poi, ha agito militarmente nella guerra, giocando un ruolo importante nel suo esito. Infine, nel dopoguerra, ha agito come finanziatore e promotore della ricostruzione del blocco capitalista mondiale e del Giappone, ponendosi come esponente del mondo capitalista. Analizzeremo ora ciascuna di queste fasi.

Negli anni che precedettero la Seconda guerra mondiale, il capitalismo non era al massimo della prosperità e del benessere. Gli echi della Prima guerra mondiale si facevano ancora sentire nelle economie di diverse nazioni, che si trovavano in condizioni precarie, con un'inflazione galoppante e, in alcuni casi, un'iperinflazione. Il mondo soffriva della recente crisi del 1929, della deflazione dei prezzi delle materie prime e dei beni, del calo del commercio internazionale, delle crisi bancarie, ecc. Gli Stati Uniti stavano affrontando un tasso di disoccupazione del 20% tra la popolazione economicamente attiva e le loro fabbriche, in alcuni casi, producevano solo al 30% della loro capacità. In questo scenario, il presidente Roosevelt lancia il famoso piano *New Deal*, che cerca di rilanciare l'economia statunitense con politiche di incentivazione governativa. Anche con tutte le misure adottate, l'economia statunitense iniziò a riprendersi efficacemente solo quando l'Inghilterra dichiarò guerra alla Germania nel maggio 1940 (BELLUZZO; TAVARES, 2004).

La dichiarazione di guerra tra le nazioni europee ebbe un forte impatto sugli Stati Uniti, che nella SGM fecero la stessa cosa che fecero nella prima, ma su scala maggiore. Inizialmente non andarono a combattere, ma parteciparono fornendo ai Paesi alleati materiale bellico, cibo e altri beni necessari. Nel 1941, quando subirono l'attacco a Pearl Harbor - il punto decisivo per l'entrata in guerra - la produzione superava del 40% il livello osservato nel 1929. Ciò dimostra che uno dei fattori principali del successo degli Stati Uniti in guerra fu la notevole disponibilità di manodopera e capacità industriale inutilizzata dalla crisi (ARRIGHI, 1996; WALLERSTEIN, 2004).

Come nella Prima guerra mondiale, gli Stati Uniti si trovarono in una posizione geografica molto favorevole: protetti su entrambi i lati dagli oceani Atlantico e Pacifico, lontani dai conflitti bellici. In primo luogo, questo fatto ha fatto sì che non subissero danni significativi al loro territorio e, cosa ancora più importante, li ha messi in una posizione ideale per utilizzare la loro industria per lo sforzo bellico. Secondo Tavares e Belluzo (2004):

> "(...) l'utilizzo del suo enorme potenziale economico è avvenuto in condizioni ideali: lo "sforzo bellico" ha legittimato l'accentramento delle decisioni negli organi di coordinamento dello Stato, mentre la "sicurezza" del territorio ha garantito la sicurezza dell'apparato produttivo e delle reti di trasporto e comunicazione. Ciò ha indubbiamente stimolato il progresso tecnologico (soprattutto nell'industria elettronica, chimica e metallurgica) e l'espansione delle capacità in molti settori. I settori dei trasporti e delle telecomunicazioni legati alla guerra subirono vere e proprie rivoluzioni strutturali" (p. 122).

Così, nel dicembre 1941, gli Stati Uniti entrarono in guerra insieme agli Alleati dell'Asse. Ebbero un ruolo importante nell'esito della guerra, partecipando a battaglie importanti come l'invasione della Normandia e le battaglie in Giappone. Inoltre, dimostrarono al mondo tutta la loro potenza bellica facendo esplodere le due bombe atomiche a Hiroshima e Nagasaki (FERNANDES, 2015).

In sintesi, la Seconda Guerra Mondiale[a] è un'eco della Prima Guerra Mondiale[a] . La stagnazione e l'alta inflazione in Europa mantennero i Paesi in un costante stato di tensione all'indomani della Prima Guerra Mondiale, fino a quando questa divenne insopportabile e portò alla Seconda Guerra Mondiale. Il ruolo svolto dagli americani fu lo stesso della guerra precedente, ma su scala più ampia. Iniziarono come produttori e fornitori di beni per gli alleati, accumulando grandi quantità di capitale, e in seguito parteciparono attivamente alla guerra, andando a combattere. Uno dei fattori principali della performance degli Stati Uniti nella Seconda guerra mondiale fu l'elevata disponibilità di capacità industriale inutilizzata e di manodopera abbondante, che non si era ancora completamente ripresa dal grande *crollo del* '29.

2.2 BRETTON WOODS, YALTA, POTSDAM E L'INIZIO DELLA GUERRA FREDDA

Prima della fine della Seconda Guerra Mondiale, nel luglio del 1944, nella cittadina di Bretton Woods, nello Stato del Massachusetts - USA, i Paesi che componevano l'asse alleato fissarono un incontro per cercare di ridefinire la direzione dell'economia internazionale nel dopoguerra, temendo che la fine della guerra avrebbe riportato la recessione degli anni '30. Durante l'incontro si presentarono due proposte: quella americana, ideata da Harry Dexter White, e quella britannica, proposta nientemeno che da John Maynard Keynes (CARDIM, 2004). Ognuna delle proposte rappresentava gli interessi del proprio Paese in misura maggiore o minore.

Tuttavia, tre sono i punti sui quali si è registrato un certo consenso: (1) la stabilità e la convertibilità delle valute. La convertibilità doveva essere garantita dall'abolizione dei controlli e delle restrizioni sui cambi; (2) gli esperti concordavano sul fatto che una qualche forma di riserva internazionale dovesse essere disponibile per l'assistenza a breve termine, consentendo soluzioni economiche espansive per bilanciare i deficit dei pagamenti; (3) entrambe le parti vedevano la necessità di creare nuovi metodi di gestione dell'economia internazionale che consentissero la circolazione dei capitali e degli scambi commerciali, promuovendo al contempo la stabilità macroeconomica e la piena occupazione nelle economie nazionali (IKENBERRY, 1993).

La proposta britannica si basava quasi interamente sulle proposte di Keynes contenute nei suoi vari documenti precedenti all'incontro. Questi documenti sottolineavano che una riforma dello standard monetario internazionale avrebbe dovuto creare le condizioni per l'espansione della domanda effettiva nazionale e del commercio internazionale, mentre la moneta avrebbe dovuto svolgere principalmente la funzione di mezzo di scambio. A tal fine, sarebbe necessario creare una Banca Centrale Mondiale che controlli la moneta internazionale in modo da fornire liquidità per l'espansione del commercio tra le nazioni, coprendo al contempo le esigenze di aggiustamento a breve termine della bilancia dei pagamenti (FERRARI, 1994).

Così, durante Bretton Woods, la proposta britannica fu quella di creare la *Clearing Union*, una "Banca centrale delle banche centrali". Questa istituzione sarebbe stata responsabile dell'emissione della valuta internazionale (*bancor*) a cui sarebbero state collegate le valute nazionali. Le fluttuazioni della bilancia commerciale si sarebbero tradotte in deficit o surplus di *bancor* presso la *Clearing Union*.

Infine, la proposta britannica prevedeva un meccanismo di perequazione dell'onere degli aggiustamenti della bilancia dei pagamenti, che penalizzava i Paesi in surplus e facilitava il credito ai Paesi in deficit. In questo modo si mirava a evitare aggiustamenti deflazionistici e a mantenere le economie nazionali in piena occupazione (BELLUZO, 1995).

La proposta statunitense, nota come Piano Bianco, manteneva l'oro come riserva internazionale. La parità tra le valute sarebbe stata fissata e gli aggiustamenti dei tassi di cambio sarebbero stati consentiti solo con l'autorizzazione di un Fondo di stabilizzazione in casi eccezionali. Questo fondo avrebbe supervisionato le politiche economiche dei Paesi membri e fornito fondi per consentire aggiustamenti temporanei della bilancia dei pagamenti. Insieme a questo fondo, verrebbe creata una Banca Internazionale che contribuirebbe a fornire liquidità agli scambi tra i membri, oltre a rendere più flessibili gli aggiustamenti della bilancia dei pagamenti (OLIVEIRA, MAIA e MARIANO, 2008).

La proposta accettata e ratificata durante la riunione fu quella di Dexter White. Poiché l'oro rimaneva la riserva internazionale, si presentava la necessità di creare una misura di parità. Gli standard monetari basati sull'oro avevano già dimostrato i loro limiti e, alla fine della Seconda guerra mondiale, l'unico Paese in posizione economica per stabilire una parità con l'oro erano gli Stati Uniti. Ciò era dovuto al fatto che erano l'unico paese in surplus e detenevano il 70% delle riserve auree mondiali.

La moneta scelta per stabilire la parità fu quindi il dollaro, creando una nuova fase nell'economia mondiale e consolidando l'egemonia finanziaria degli Stati Uniti. Il nuovo standard fissava un'oncia *troy d'*oro a trentacinque dollari, mentre le altre valute nazionali sarebbero state agganciate al dollaro (IDEM).

Pertanto, il nuovo standard monetario adottato assomigliava molto al vecchio standard sterlina-oro. La differenza era il dollaro come valuta chiave del sistema (valuta per le transazioni internazionali). Un altro cambiamento nel nuovo standard era che solo gli Stati e le banche centrali erano autorizzati a ritirare dollari in oro; la popolazione non poteva esercitare questo diritto. Nel sistema di Bretton Woods, quindi, gli Stati Uniti emettevano una quantità di dollari pari alla quantità di oro presente nei loro depositi, mentre gli altri Paesi potevano ritirare i dollari entro la parità stabilita tra il dollaro-oro e le altre valute con il dollaro. In questo senso, le altre nazioni usavano il dollaro come valuta di riserva ed emettevano le loro valute locali in base alla quantità di dollari di cui disponevano (ROTHBARD, 2010).

Come previsto dagli accordi, furono create una serie di istituzioni, tra cui le principali: le Nazioni Unite, il Fondo Monetario Internazionale (FMI) e la Banca Mondiale. Queste istituzioni furono create per internazionalizzare il sistema politico-economico statunitense e aumentare il flusso di scambi commerciali tra i Paesi (SIMON, 2011). Tutte erano sotto la tutela politica degli Stati Uniti e fungevano da importanti pilastri del nuovo sistema interstatale che emergeva sotto l'egemonia statunitense (COSTA, 2005).

Dopo l'incontro nel New Hampshire, il Congresso degli Stati Uniti ratificò la proposta di BW nel luglio 1945. In questo modo potevano iniziare a consolidare la propria egemonia finanziaria sugli altri Paesi del mondo.

Risolta la questione finanziaria, restavano da combattere due questioni: (1) l'Unione Sovietica, rappresentante del socialismo e maggiore potenza militare sulla terraferma e (2) la fine del colonialismo, segno distintivo dell'egemonia britannica, ormai in declino. A tal fine, due conferenze furono cruciali: Yalta e Potsdam.

Nel febbraio 1945, prima della fine della guerra, i tre leader delle principali potenze alleate - Roosevelt, Churchill e Stalin - si incontrarono nella città di Yalta, in Crimea.

Tra le principali questioni in discussione vi erano: (1) la questione dei confini tra l'URSS e la Polonia - i territori polacchi e rumeni furono consegnati ai sovietici; (2) i Paesi confinanti con l'Unione Sovietica non avrebbero avuto governi anti-sovietici. (VASCONCELLOS; MANSANI, 2013) Inoltre, a Yalta furono definiti il disarmo e la smilitarizzazione della Germania, nonché la divisione del territorio e della capitale tedesca in quattro parti, ciascuna comandata da uno dei Paesi alleati - Francia, Inghilterra, Stati Uniti e URSS (MUNHOZ, 2009).

Più tardi, nel luglio 1945, si tenne un'altra conferenza, questa volta in Germania, nella città di Potsdam. I colloqui avrebbero dovuto proseguire quelli di Yalta, ma presero una strada leggermente diversa. Roosevelt era morto ed era stato sostituito da Truman, che aveva idee diverse dal suo predecessore. Un'altra variabile rilevante di questa conferenza fu l'annuncio del successo del Progetto Manhattan, che rendeva gli Stati Uniti l'unica nazione dotata di energia atomica. (VASCONCELLOS; MANSANI, 2013) Sempre a Potsdam, si decise che la Germania non sarebbe stata smembrata in quattro parti, ma si sarebbe mantenuta la divisione del territorio, trattandola però come un'unica unità. (MUNHOZ, 2009)

Dopo queste due conferenze e la fine della guerra, lo scenario della guerra fredda era già definito. Come sottolinea Arrighi nel suo libro "Il lungo Novecento", questi incontri definirono una nuova configurazione globale, modificando significativamente il modello interstatale adottato. Le conferenze in questione definirono la fine del sistema colonialista inglese, poiché fu concordato che gli Stati Uniti avrebbero avuto il dominio sul % del mondo, mentre l'Unione Sovietica avrebbe avuto i diritti sul restante %.

In breve, già verso la fine della Seconda guerra mondiale era possibile constatare che la situazione in cui si trovavano gli Stati Uniti era di grande superiorità rispetto alle potenze europee distrutte. Tuttavia, per essere elevati al rango di egemone, dovevano affermarsi su tre punti: (1) finanziario, (2) ideologico e (3) organizzativo. Per risolvere il primo punto, utilizzò la proposta di Harry Dexter White alla Convenzione di Bretton Woods. Con questa, riuscirono a implementare il dollaro come valuta forte del sistema interstatale, garantendosi una posizione privilegiata nel gioco globale. A Bretton Woods riuscirono a risolvere il terzo punto. La Gran Bretagna aveva ancora vasti domini geografici derivanti dalla sua egemonia in declino. La creazione di istituzioni internazionali come le Nazioni Unite, il Fondo Monetario Internazionale e la Banca Mondiale giocò un ruolo importante nella rottura del sistema colonialista inglese. In relazione alla disputa ideologica, le convenzioni di Yalta e Potsdam hanno delineato la nuova geografia spaziale dell'emergente sistema interstatale bipolare e hanno contribuito alla disfatta del modello colonialista.

Infine, gli Stati Uniti erano in grado di esercitare la loro egemonia. Avevano il reddito più alto del mondo, la maggiore potenza militare con basi in molti altri Paesi, un ruolo quasi monopolistico nella produzione industriale, il maggior progresso scientifico e la convinzione che solo sotto la loro egida il mondo occidentale avrebbe potuto prosperare in pace. Il palcoscenico era pronto per il mondo bi-polarizzato della Guerra Fredda, con gli Stati Uniti come centro egemonico sul lato occidentale.

2.3 Il dopoguerra: LA GUERRA FREDDA E IL SISTEMA DI BRETTON WOODS In possesso del 70% dell'oro mondiale e con la sua moneta ormai leader nel mondo, gli Stati Uniti ne uscirono sovrani e integri, cioè senza la necessità di ricostruire un Paese distrutto dalla guerra. Il ruolo di "granaio della guerra" ha fatto sì che la bilancia commerciale degli Stati Uniti registrasse enormi eccedenze e, anche dopo la fine della guerra, gli sforzi di ricostruzione hanno continuato questa tendenza. Inoltre, per la prima volta nella sua storia, gli Stati Uniti avevano più diritti sul reddito prodotto all'estero che dazi sul reddito interno. Questa situazione fece degli Stati Uniti un quasi-monopolista della liquidità mondiale, soprattutto se si considera la domanda di altri Paesi per la loro valuta (ARRIGHI, 1996).

A causa dei grandi sforzi bellici imposti alla popolazione statunitense, si accumulò una grande quantità di potere d'acquisto sotto forma di attività finanziarie emesse dal governo per finanziare la guerra. L'industria dei beni durevoli, ad esempio, fu fortemente avvantaggiata dalla popolazione desiderosa di scambiare le proprie automobili, frigoriferi, ecc.

Nella sfera esterna c'erano due questioni chiave alla fine della guerra, una politico-militare - l'Unione Sovietica, rappresentante del socialismo, e l'altra economica - la ricostruzione dell'Europa e del Giappone (ARRIGHI, 1996; WALLERSTEIN, 2004).

L'accettazione del comunismo subito dopo il 1945 è stata notevole. Molti Paesi europei lo dimostrarono nelle elezioni. Come sottolinea Wallerstein (2004) "(...) [i partiti comunisti] conquistarono il 25-40% dei voti nelle prime elezioni del dopoguerra in Francia, Italia, Belgio, Finlandia e Cecoslovacchia" (p. 41). (p. 41)

Così, i primi due anni del dopoguerra videro grandi tensioni interne in molti Paesi europei. Finché, nel 1947, la Gran Bretagna, decadente e devastata, non riuscì a mantenere gli aiuti ai governi anticomunisti greco e turco. Ciò segnò un netto cambiamento nella politica estera degli Stati Uniti e diede origine a uno dei pilastri della Guerra Fredda: la Dottrina Truman (WALLERSTEIN, 2004).

Storicamente, gli Stati Uniti hanno mantenuto una politica isolazionista, cercando di non farsi coinvolgere troppo da fattori esterni. Tuttavia, quando si sono resi conto della loro posizione centrale nel nuovo sistema interstatale creato, come la più grande e produttiva potenza industriale e il più grande detentore di ricchezza, si sono trovati nella necessità di cambiare questa posizione, soprattutto a causa del consolidamento dell'Unione Sovietica e dell'espansione del socialismo (ARRIGHI, 1996).

Nel marzo del 1947, il Presidente Truman pronunciò un discorso al Congresso annunciando aiuti alla Grecia e alla Turchia, ponendo gli Stati Uniti come baluardo del libero scambio. La Dottrina Truman, come venne chiamata, fu una pietra miliare nella politica di contenimento del socialismo adottata durante la Guerra Fredda. Il mondo fu avvertito che se le idee socialiste fossero avanzate, gli Stati Uniti sarebbero stati pronti a intervenire. Inoltre, divenne chiaro che i Paesi avrebbero dovuto fare una scelta: allearsi con il mondo libero o con la cortina di ferro sovietica. (IKENBERRY, 1996) Ora, al di là del piano politico, si imponeva un'altra questione: come garantire i mercati europei? Dopo tutto, l'industria nordamericana era imponente, non c'erano concorrenti. Tutti erano stati distrutti dalla guerra. Il problema era la mancanza di domanda per la loro produzione (WALLERSTEIN, 2004).

In questo scenario, il principale pacchetto lanciato in questa nuova politica estera fu il Piano Marshall. Esso mirava alla ricostruzione dei Paesi europei per due motivi: (1) la potente industria statunitense aveva bisogno di mercati per i suoi prodotti; (2) l'espansione socialista rappresentava un rischio per gli interessi statunitensi, per cui la rapida ricostruzione dei Paesi alleati sarebbe servita a contenere l'espansione socialista, fungendo al contempo da propaganda per il mondo che essi articolavano.

(IDEM)

A tal fine, il piano concedeva ai Paesi europei prestiti a basso interesse per l'acquisto di beni statunitensi. In cambio, le loro economie si aprirono agli investimenti statunitensi. Questo portò (1) alla possibilità per gli Stati Uniti di mantenere i propri livelli di produzione, (2) all'aumento del commercio internazionale e degli accordi bilaterali, (3) alla promozione dell'imprenditoria privata e dell'economia statunitense, (4) al consolidamento degli Stati Uniti come alleati dei Paesi che accettarono il piano e (5) al consolidamento del capitalismo come forma dominante in Europa occidentale (SIMON, 2011).

Fino alla fine degli anni Cinquanta, il sistema interstatale incentrato sul dollaro favorì notevolmente l'economia statunitense. La ricostruzione in tutta l'Europa occidentale fu redditizia e le imprese statunitensi prosperarono. I Paesi europei collaborarono con il sistema di Bretton Woods, evitando attacchi speculativi al dollaro e conservando l'oro nei caveau della Federal Reserve (OLIVEIRA ET AL, 2008).

Arrighi (1996) sottolinea che la guerra di Corea ha avuto una grande importanza sulla scena mondiale. Il riarmo generato durante e dopo la guerra ha fornito grande liquidità all'economia mondiale. Gli Stati Uniti agirono all'estero sia fornendo aiuti militari sia effettuando spese militari dirette all'estero, fornendo tutta la liquidità necessaria all'espansione dell'economia mondiale. Detenendo la valuta forte del sistema, agirono come una banca centrale piuttosto indulgente e permissiva, permettendo al commercio e alla produzione mondiale di espandersi a una velocità mai vista prima. Il periodo di 23 anni che iniziò con la guerra di Corea e terminò con gli accordi che posero virtualmente fine alla guerra del Vietnam nel 1973, è chiamato "l'età dell'oro del capitalismo". (ARRIGHI, 1996, p. 307)

Ma in mezzo a tanta prosperità, negli anni Sessanta l'Europa e il Giappone avevano terminato la ricostruzione. L'industria americana non aveva più un tale vantaggio sui nuovi concorrenti. I mercati nazionali erano stati riconquistati e potevano competere con i prodotti americani a livello internazionale (WALLERSTEIN, 2004).

Anche con segni di scossa, nel 1961 il prezzo del dollaro aveva già superato la parità proposta a Bretton Woods. Per mantenere il sistema, fu creato il *Gold Pool,* in cui i Paesi firmatari si impegnavano "a non convertire i loro dollari in oro e, inoltre, a vendere oro dalle loro riserve per sostenere la convertibilità". (OLIVEIRA ET AL, 2008)

Così, nel 1967, si verificò un forte fattore di instabilizzazione nel sistema di Bretton Woods: il ritiro della Francia dal *Gold Pool* costrinse gli Stati Uniti ad aumentare la propria quota del fondo, insieme alla svalutazione della sterlina, che aumentò la sfiducia degli agenti economici nei confronti della convertibilità del dollaro (EICHENGREEN, 2000 *APUD* OLIVEIRA ET AL, 2008, p.207).

In sintesi, quando si aprì il siparo del dopoguerra, gli Stati Uniti si trovarono ad essere quasi monopolisti della liquidità e della produzione mondiale, con un mercato interno dalla forte domanda

14

repressa e desideroso di consumare. Tuttavia, nella sfera esterna due questioni apparivano come ostacoli: (1) l'Unione Sovietica, che ora possedeva la potenza bellica atomica e difendeva l'ideologia socialista e (2) la mancanza di domanda per la produzione americana. Da questi problemi nacquero i due pilastri della politica estera statunitense nel periodo della Guerra Fredda: la Dottrina Truman e il Piano Marshall. La Dottrina Truman era la soluzione all'avanzata comunista al di là di quanto stabilito a Yalta. In breve, prevedeva l'intervento militare degli Stati Uniti in qualsiasi territorio in cui il comunismo tentasse di dominare. A causa della mancanza di domanda per i loro prodotti, utilizzarono il Piano Marshall per ricostruire i Paesi distrutti dalla guerra e mostrare al mondo i vantaggi dell'alleanza con il mondo libero. Tuttavia, negli anni Sessanta, l'iniziativa di ricostruire i Paesi alleati fu la genesi della rottura del Sistema di Bretton Woods. L'armoniosa relazione tra gli Stati Uniti e l'Europa e il Giappone si ruppe non appena questi Paesi furono in grado di competere nuovamente per i mercati nazionali e internazionali.

2.4 LA CRISI DEL SISTEMA DI BRETTON WOODS E IL DECLINO DELL'EGEMONIA Verso la fine degli anni Sessanta, il sistema interstatale proposto a Bretton Woods cominciò a dare segni di cedimento. Oltre al ritiro della Francia dal *Gold Pool*, altri fattori esercitavano pressioni sul sistema: la concorrenza industriale dei Paesi ricostruiti dell'Europa occidentale e del Giappone, il mercato dell'eurodollaro (EM) e la guerra del Vietnam, che aveva penalizzato la bilancia dei pagamenti, aggravando la crisi fiscale e di politica estera.

La ricostruzione dell'industria nei Paesi dell'Europa occidentale, in particolare in Germania, e in Giappone cominciava a pesare sull'industria statunitense. Come era prevedibile, la promozione della ricostruzione e, soprattutto, dell'industrializzazione in questi Paesi ha portato a un forte aumento della concorrenza globale. Di conseguenza, si verificò una pressione sul tasso di profitto a scapito dell'aumento della concorrenza, minando la posizione dominante dell'industria statunitense e il suo equilibrio accumulato negli anni precedenti. (WALLERSTEIN, 2004) La guerra del Vietnam fu un altro grande colpo ai conti e alla fiducia del sistema. Nonostante sia stata la più grande operazione bellica della storia fino a quel momento, fu una guerra lunga in cui gli Stati Uniti non riuscirono a prevalere. Come risultato di lunghi anni di sforzi per mantenere la guerra, persero la loro credibilità come potenza di polizia nel mondo occidentale e, insieme, persero il controllo del sistema monetario internazionale. Ciò è accaduto perché gli alti costi per sostenere la guerra e superare l'opposizione interna hanno rafforzato le pressioni inflazionistiche in tutto il mondo, aggravando la crisi fiscale degli Stati Uniti e portando al collasso del gold-dollar standard (ARRIGHI, 2008).

Un altro potente agente in questo processo di ristrutturazione interstatale è stato il mercato degli eurodollari. La formazione di tale mercato è stata un incidente dell'accumulazione statunitense. Un abbozzo di tale mercato è emerso già nel 1950 come risultato della guerra fredda. La sfiducia del blocco comunista nei confronti dell'Occidente era latente, ma per commerciare con l'Occidente avevano bisogno di detenere una certa quantità di dollari. Questi dollari venivano conservati nelle banche europee. Inoltre, si verificò una forte migrazione di capitali dalle società statunitensi verso l'Europa, che portò le grandi banche statunitensi a operare in Europa, beneficiando dei costi più bassi e della maggiore libertà d'azione offerti dall'attività bancaria all'estero e dal mercato degli eurodollari. (ARRIGHI, 1996) Così, come definisce Arrighi (1996):

> "L'imminente crisi del regime statunitense fu segnalata tra il 1968 e il 1973 in tre ambiti distinti e strettamente correlati. Dal punto di vista militare, le forze armate statunitensi incontrarono difficoltà sempre più gravi in Vietnam; dal punto di vista finanziario, il sistema della Federal Reserve statunitense si trovò in difficoltà e poi nell'impossibilità di mantenere il modo di emettere e regolare la moneta mondiale stabilito nel 1933.
>
> Bretton Woods; e dal punto di vista ideologico, la crociata anticomunista del governo statunitense cominciò a perdere legittimità in patria e all'estero. La crisi si deteriorò rapidamente e nel 1973 il governo statunitense si era ritirato su tutti i fronti". (p. 310)

2.5 DAGLI ANNI '70 AL 2000

Wallerstein (2004) definisce gli anni '70 un "lungo periodo di stagnazione". Un periodo di stagnazione nel sistema mondiale può essere definito quando, rispetto al periodo precedente, si nota "un considerevole calo dei profitti realizzati nella produzione". Tale calo produce tre effetti marcati nel sistema interstatale, ovvero: (1) i proprietari di capitale spostano le loro iniziative di profitto dalla sfera produttiva a quella finanziaria; (2) un forte aumento del livello di disoccupazione mondiale; (3) si verificano spostamenti significativi dalle aree di produzione verso regioni con salari più bassi.

Il mercato degli eurodollari, che ha partecipato attivamente alla rottura del sistema di Bretton Woods, è cresciuto in modo esponenziale a partire dagli anni Sessanta, fino a quadruplicare il valore delle obbligazioni in valuta europea tra il 1967 e il 1970. A ciò si aggiunsero le condizioni sfavorevoli al reinvestimento dei profitti in attività commerciali in Europa e, ancor più, negli Stati Uniti. Così, le multinazionali statunitensi iniziarono a investire i loro profitti in questi nuovi mercati finanziari piuttosto che rimpatriarli (ARRIGHI, 2008).

Finché, nel 1971, l'allora presidente Richard Nixon decretò la fine della convertibilità che era il cuore di Bretton Woods. Nel 1973, gli Stati Uniti introdussero i tassi di cambio fluttuanti. Tuttavia, dopo non essere stati in grado di mantenere la precedente promessa di parità, la domanda di dollari per le transazioni crollò a causa della mancanza di fiducia e delle successive svalutazioni del dollaro. (BELLUZZO; TAVARES, 2004) Con la caduta del gold-dollar standard, iniziò una crescente competizione tra agenti statali statunitensi e controllori privati per la produzione di denaro e credito globale. In questo scenario, erano all'opera tre tendenze: (1) la fine del tasso di cambio fisso ha dato nuovo impulso alla finanziarizzazione del capitale, perché ha aumentato il rischio e l'incertezza nelle attività commerciali e industriali; (2) la perdita di credibilità come gendarme del mondo e la grande svalutazione del dollaro hanno portato i Paesi del Terzo Mondo ad adottare una posizione più aggressiva nel negoziare i prezzi delle materie prime industriali, in particolare del petrolio, dopo l'esplosione dei prezzi nel 1973; (3) l'immensa offerta mondiale di denaro e credito non è stata accompagnata da condizioni di domanda in grado di impedire la svalutazione del capitale finanziario e, come se non bastasse, l'aumento della domanda ha generato più pressione inflazionistica che aumento del debito solvibile. (ARRIGHI, 2008)

Per molti anni, diversi Paesi e aziende del mondo hanno ricevuto una grande quantità di prestiti dall'inondazione di credito generata dai petrodollari. Tuttavia, di fronte alla crescente insolvenza e alle grandi quantità di prestiti, unite all'instabilità che esiste dalla fine del gold-dollar standard, la Federal Reserve ha deciso unilateralmente di aumentare i tassi di interesse. Imponendo il rialzo dei tassi d'interesse, gli Stati Uniti sono stati in grado di ristabilire il dollaro come valuta forte del sistema, provocando una grave crisi di liquidità a livello globale (BELLUZO; TAVARES, 2004). Inoltre, il rialzo dei tassi d'interesse ha riposizionato gli Stati Uniti in termini globali. Riducendo gli incentivi all'espansione del credito, sono passati dall'essere fornitori di denaro a richiederne. Così facendo, Arrighi (2008) afferma che "sono state create condizioni di domanda energica per l'accumulo di questa liquidità attraverso i canali finanziari" (p. 170). Così, dopo Bretton Woods, gli Stati Uniti hanno cercato di ristrutturare il sistema con la cosiddetta controrivoluzione monetarista, che si basa sulla cooperazione e sulla competizione tra Stati. Essi cooperano nei periodi di crisi e competono nei periodi di prosperità.

Gli anni '80 sono iniziati con una grande ondata di debito nel terzo mondo e si sono conclusi con la fine del comunismo. Durante il decennio, gli Stati Uniti iniziarono a soffrire sempre di più per il crescente debito estero, mentre l'industria giapponese ed europea aumentava le proprie quote del mercato mondiale. Mentre gli Stati Uniti investivano in obiettivi militari, i loro concorrenti creavano vantaggi investendo in tecnologia produttiva (COSTA, 2005).

All'inizio degli anni '80, l'allora presidente Reagan intraprese una dura politica monetaria e un "keynesianismo imbastardito". Tali misure causarono un colpo a favore dei più ricchi, un aumento del deficit fiscale e alti tassi di interesse. Con tassi di interesse più alti e una sopravvalutazione forzata del dollaro, la FED riuscì a riprendere il controllo del sistema bancario privato internazionale (TAVARES, 1985).

Anche l'economia statunitense sta cambiando direzione. Hanno iniziato a investire pesantemente nel settore terziario e nelle industrie ad alta tecnologia. Hanno lasciato la vecchia struttura industriale ai Paesi periferici, mentre hanno concentrato il loro capitale in nuovi settori. In questo modo, hanno esternalizzato gran parte della produzione e hanno potuto investire pesantemente nel settore finanziario. (IDEM)

La fine degli anni '80 è stata segnata dalla carta vincente ideologica degli Stati Uniti, con l'inizio della

17

fine del regime sovietico e la forte svolta dell'economia statunitense come "*locomotiva commerciale*" del sistema mondiale (TAVARES, 1985). Tuttavia, gli anni '90 iniziano con un'economia a bassa crescita e con piccoli aumenti di produttività. Fino al 1995 l'economia non andava bene, ma dal 1996 al 2000 c'è stata una ripresa dell'economia, in gran parte guidata dall'aumento dell'efficienza produttiva e dal calo dei costi nel settore informatico. In breve, la pressione competitiva ha portato a miglioramenti significativi nel settore IT, che hanno portato a un calo dei prezzi e a un aumento degli investimenti da parte di privati e aziende (HARRIS, 2010).

Gli anni '90 sono stati segnati dalla cosiddetta politica della "Grande Moderazione", in cui gli Stati Uniti hanno lanciato l'ideologia neoliberista come ricetta da seguire per il resto del mondo. Questo atteggiamento ha causato diverse crisi in tutto il mondo in quel periodo, tra cui Messico, Russia e Brasile.

In questo modo, si è verificata un'accettazione forzata del "libero mercato" e della globalizzazione allora proposti. La dimostrazione di forza sull'Iraq dopo l'invasione del Kuwait ha chiarito i principi organizzativi della nuova geopolitica globale statunitense. Senza un concorrente globale, erano liberi di agire come meglio credevano nel mondo. Si creò così un progetto consensuale, con divergenze nei metodi di azione, tra repubblicani e democratici che miravano a un impero globale (ARMSTRONG, 2013).

Gli anni Duemila sono iniziati con un grande evento che ha fortemente colpito il sistema interstatale: gli attacchi terroristici dell'11 settembre 2001 a New York. L'attacco ha messo in discussione la potenza americana, perché i responsabili non rappresentavano una potenza militare organizzata, o qualcosa di simile, eppure sono riusciti a entrare e a consumare il loro attacco all'interno della più grande potenza bellica del mondo, mettendo in discussione la reale potenza americana. Dopo gli attentati, il presidente Bush ha dichiarato guerra al terrorismo adottando un atteggiamento del tipo "o siete con noi o contro di noi". Da allora, gli Stati Uniti sono in guerra con l'Afghanistan e l'Iraq, il loro debito estero è cresciuto e la fiducia del resto del mondo nella loro economia è diminuita (WALLERSTEIN, 2004). A ciò si aggiunge la crisi economica globale scoppiata nel 2008 negli Stati Uniti, nota come crisi *dei subprime*, che ha sollevato dubbi su quanto a lungo gli Stati Uniti possano rimanere una potenza egemonica.

In breve, gli anni Settanta segnarono la rottura del sistema di Bretton Woods. A partire dal 1971, il mondo iniziò a convivere con il dollar standard flessibile. Durante la sua attuazione, il sistema incontrò diverse difficoltà e quasi non riuscì ad affermarsi. Tuttavia, l'aumento dei tassi di interesse statunitensi, insieme alla rivoluzione contro-monetarista, riposizionò gli Stati Uniti in termini globali.

Gli anni '80 sono stati caratterizzati da un keynesianesimo imbastardito e da una politica monetaria dura. Questi due fattori hanno provocato una forte redistribuzione del reddito a favore dei più ricchi, hanno portato alla ripresa del controllo del sistema bancario privato internazionale e hanno posto le basi per la riorganizzazione dell'industria statunitense verso i settori ad alta tecnologia, soprattutto informatica, durante questo decennio. Gli anni '90 sono stati segnati dalla politica di Grande Moderazione adottata dal Paese, che ha iniziato a propugnare l'ideologia neoliberista come strada da seguire per il mondo in via di sviluppo. In termini economici, è solo dal 1996 che si nota un'evoluzione dovuta all'aumento dell'efficienza produttiva e alla diminuzione dei costi informatici. L'inizio del XXI secolo è segnato dagli attacchi terroristici dell'11 settembre. Questi attentati hanno provocato un forte scossone all'egemonia degli Stati Uniti e una serie di dubbi sulla loro reale capacità di esercitare il proprio potere militare nel mondo. Inoltre, la crisi del 2008 ha catalizzato il declino degli Stati Uniti.

CAPITOLO 3

CINA

3.1 LA CINA DEL DOPOGUERRA E L'ERA MAO

Dopo la fine della Seconda guerra mondiale, la Cina entrò nella guerra civile. Lo scontro era combattuto tra nazionalisti e comunisti. Nel periodo compreso tra il 1946 e il 1949, il Paese soffrì per gli alti tassi di inflazione e per gli elevati costi legati alla guerra. Alla fine, il 1° ottobre 1949, l'Esercito di Liberazione del Popolo vinse.

Il regime cinese sotto Mao è stato caratterizzato dalla centralizzazione delle risorse economiche da parte del governo, dalla repressione dei consumi, dalla limitazione della migrazione urbano-rurale, dall'intensa estrazione del surplus agricolo attraverso la collettivizzazione delle terre e dalla forbice dei prezzi tra prodotti agricoli e industriali (HUNG, 2008).

Mao vedeva la società cinese come stagnante. Vedeva che le relazioni sociali erano congelate nel tempo, a causa dell'idea che l'imperatore fosse una figura divina e che le sue decisioni dovessero essere rispettate. Inoltre, vedeva il popolo cinese frammentato in diversi clan con una rigida separazione tra le classi sociali. Per spezzare questo ciclo, Mao riteneva necessario non permettere a una classe di consolidarsi al potere, impedendole di trarre vantaggio dallo *status quo*. La sua spinta verso una società egalitaria sarà analizzata brevemente in 3 fasi: (1) la Rivoluzione del '49, (2) il Grande Balzo in Avanti e (3) la Rivoluzione Culturale. (MILARÉ; DIEGUES, 2012) Nell'instaurazione della Repubblica Popolare Cinese (RPC), uno dei principali fattori del suo successo è stata la comprensione tra i vari livelli della società (contadini, operai e letterati) della necessità di una ridistribuzione delle terre. L'unione intorno a questo obiettivo comune fornì la base per coordinare la società e l'economia verso l'industrializzazione. Il piano di sviluppo dell'industria cinese era strettamente legato alla produzione nelle campagne. L'approvvigionamento di materie prime è il cuore del processo industriale, senza il quale non c'è produzione. Inoltre, in un'economia poco sviluppata, l'unica fonte di reddito estero è il settore primario. Queste entrate consentono l'acquisto di macchinari per finanziare l'industrializzazione del Paese" (IDEM).

Negli anni successivi, un'ondata di nazionalizzazioni e fusioni tra imprese private e statali ha permesso al governo cinese di avere il controllo dell'economia. Inoltre, l'Unione Sovietica sostenne la Cina, aiutandola a implementare l'economia pianificata in piani quinquennali. Ha anche fornito aiuti finanziari per l'industrializzazione del Paese.

Tuttavia, nel 1958 questa relazione subì una scossa e Mao lanciò il suo secondo grande progetto per la Cina: il Grande balzo in avanti. Questo progetto segnò la rottura delle relazioni tra Cina e Unione Sovietica. Forte del successo della collettivizzazione delle terre e del raccolto del 1957, Mao annunciò il suo nuovo piano quinquennale. L'obiettivo era quello di elevare l'economia cinese dallo stato agrario a quello industriale, secondo i precetti marxisti. Tuttavia, il risultato fu catastrofico, in gran parte a causa della carestia generata dalla cattiva gestione dei raccolti, e si stima che in quel periodo morirono tra i 20 e i 43 milioni di cinesi. Di conseguenza, il piano finì per essere completato in anticipo di 3 anni rispetto al previsto (JACOB, 2013).

Dopo il fallimento del Grande balzo in avanti, nel 1966 Mao lanciò il suo ultimo progetto, noto come "Rivoluzione culturale". Questa volta, i giovani cinesi erano in guerra con i "quattro vecchi": vecchi costumi, vecchia cultura, vecchie abitudini e vecchie idee. Nell'agosto del 1966, Mao creò la "Guardia Rossa", incaricata di punire i funzionari e chiunque dimostrasse tendenze borghesi. (SZCZEPANSKI, 2015) Anche se con problemi significativi, la coesione sociale del regime di Mao si basava sulla garanzia del partito di assistenza sanitaria, istruzione, occupazione e altri servizi comunitari di base gratuiti per i lavoratori attraverso le imprese statali e le comunità rurali. Durante quest'epoca, la Cina ha registrato un'elevata crescita del PIL e una rapida espansione della rete di capitale statale. Così, negli anni '70, nonostante la stagnazione che stava affrontando, la Cina disponeva di grandi quantità di capitale nelle mani dello Stato e di un ampio bacino di lavoratori sani e istruiti nelle campagne (HUNG, 2008).

3.2 LA NUOVA CINA

Deng Xiaoping ha avviato il progetto cinese di transizione da un'economia pianificata a una produzione mista e interamente privata nelle campagne e nelle città. Al centro di queste riforme c'erano due basi: (1) il sistema di responsabilità delle famiglie e (2) la politica della porta aperta. Queste misure riguardavano rispettivamente la proprietà e il commercio estero (GUERRA, 2009).

Nel 1978, i leader locali della provincia di Anhui hanno autorizzato gli agricoltori a continuare a produrre dopo la quota di stoccaggio locale. La misura autorizzava gli agricoltori a commercializzare le loro eccedenze, il che ha portato a un forte aumento della produttività nelle aree rurali, incrementando il reddito e la produzione. Il sistema si è diffuso abbastanza rapidamente, raggiungendo il 93% delle aree rurali nel 1983. Fu stabilito un contratto di affitto in cui l'agricoltore pagava con quote di produzione decrescenti nel tempo, un appezzamento di terreno ceduto dallo Stato (OLIVEIRA, 2008).

In relazione al commercio estero, alla politica della porta aperta, nello stesso anno fu avviata a Shenzhen la "Chinese Markets Steamship Company" con l'obiettivo di vendere l'acciaio delle navi smantellate all'industria edilizia di Hong Kong. A causa della crisi dello Yuan, l'anno successivo

21

l'industria spostò la sua attenzione sulla manifattura leggera e suggerì al governo di stimolare gli investimenti stranieri, adottati nella stessa Zona Industriale Speciale di Shekou (WANG, 1986 *APUD* GUERRA, 2004 p. 56).

Adottando la misura dell'apertura graduale all'afflusso di capitali, la Cina ha adottato un atteggiamento selettivo nei confronti delle importazioni: voleva che funzionassero da moltiplicatore e incorporatore di tecnologie e beni capitali, in modo da fornire vantaggi competitivi alla nascente industria cinese. L'unico modo per finanziare tali ambizioni era la promozione delle esportazioni. Così, nel 1982, sono state create le Zone Economiche Speciali (ZES), situate nelle regioni costiere più vicine ai fiorenti mercati asiatici come Hong Kong e Giappone. Queste zone erano aperte ai capitali stranieri e miravano a produrre per il mercato estero. Inoltre, ricevevano agevolazioni fiscali, libertà di cambio, strutture logistiche e portuali, autonomia amministrativa e finanziamenti statali. Il progetto di modernizzazione industriale è stato quindi un progetto ibrido, che ha mantenuto la proprietà pubblica delle imprese, incoraggiando al contempo la diffusione di imprese non statali, come le Aziende Municipali e dei Villaggi (EVM) e le *joint venture* (OLIVEIRA, 2008).

Dagli anni '80, la crescita media della Cina è stata superiore a quella di qualsiasi altro concorrente dell'Asia orientale, con un tasso di crescita medio di quasi il 10%. Inoltre, solo tra il 1990 e il 2002, la Cina ha ridotto il numero di persone che vivono con meno di 1 dollaro al giorno da 490 milioni a 88 milioni. L'HDI è passato da 0,53 nel 1975 a 0,78 nel 2006 e la popolazione urbana è cresciuta dal 18% nel 1978 al 44% del totale nel 2006 (NONNENBERG, 2010).

Dietro a questa crescita ci sono alcuni aspetti che hanno favorito questa performance. La Cina si è industrializzata più tardi rispetto alle cosiddette tigri asiatiche, potendo così beneficiare dei vuoti lasciati da questi Paesi per svilupparsi. Le tigri asiatiche, a uno stadio di sviluppo superiore a quello della Cina, hanno iniziato a delegare le fasi di produzione con maggiori vantaggi competitivi. Insieme ai vantaggi delle ZES, questo ha permesso alla Cina di diventare una parte importante della produzione e della commercializzazione di beni destinati al mercato esterno del Sud-est asiatico. Questa condizione ha favorito un processo di internalizzazione del *know-how* che, insieme alla politica industriale attiva che ha cercato di favorire i collegamenti interindustriali avanti e indietro dalle nuove imprese che entravano nel mercato, ha permesso alla Cina di raggiungere nuovi livelli nella scala della complessità industriale e dei beni tecnologici, quindi beni a più alto valore aggiunto. (OLIVEIRA, 2008)

A partire dagli anni '80 e con un'accelerazione negli anni '90, le riforme di mercato hanno trasformato la Cina in un esportatore ritardatario dell'Asia orientale. Grazie alle sue dimensioni demografiche ed economiche e alla sua indipendenza geopolitica dagli Stati Uniti, la Cina è stata indicata come un

Paese in grado di rompere il ciclo di dipendenza con il Nord globale. Tuttavia, il modello di crescita cinese, nonostante il suo successo, ha reso la Cina più dipendente di altre economie dell'Asia orientale da questo mercato. Avendo adottato lo stesso modello di sviluppo dell'Asia orientale - industrializzazione guidata dalle esportazioni, bassi consumi e alti risparmi - grazie alle sue dimensioni ha portato questo modello all'estremo (HUNG, 2008).

La crescita cinese è strettamente legata ai consumi dei mercati europei e nordamericani. Tuttavia, questo rapporto con i mercati centrali che favorisce lo sviluppo cinese ha relegato la Cina allo status di produttore manifatturiero a basso costo. Inoltre, in quanto principale partner commerciale dell'economia statunitense, la strategia del governo cinese era quella di diventare il principale creditore dell'economia americana già nel 2014. Ciò è dovuto all'interesse della Cina e dell'Asia orientale a mantenere calda l'economia statunitense (HUNG, 2011).

Dalla crisi asiatica del 1997, il governo cinese ha modificato la sua politica di espansione della spesa pubblica e l'ha mantenuta durante la recessione statunitense del 2001. Queste misure sono state seguite da un'accelerazione degli avanzi delle partite correnti a partire dal 2002. Di fronte all'evidenza di un eccesso di investimenti e di un surriscaldamento dell'economia, il governo ha iniziato a limitare la produzione in alcuni settori già nel 2004. Tuttavia, il tentativo di rallentare l'economia è stato annullato dalla crisi economica globale, nota come crisi *dei subprime* nel 2008. La risposta della Cina alla crisi è stata il lancio di un pacchetto di stimoli economici da 600 miliardi di dollari. Oltre a questo pacchetto, sono state adottate altre misure anticicliche, come l'espansione del credito, gli interventi sui cambi e i sussidi alle esportazioni. (GUERRA, 2009) In sintesi, i pilastri della riforma cinese sono stati il sistema di responsabilità delle famiglie (proprietà) e la politica delle porte aperte (commercio estero). Queste misure sono state attuate nel 1978 ad Anhui e Shekou. Anhui è stato il pioniere del processo di affitto delle terre statali. Shekou è stata al centro dell'apertura economica della Cina, avendo incoraggiato il governo cinese ad adottare misure per l'apertura dell'economia, rimodellando al contempo l'industria locale per operare nel settore manifatturiero leggero. A partire dagli anni '80, l'economia cinese ha iniziato a dare segni di vitalità e ha registrato il più alto tasso di crescita medio del PIL al mondo. Essendo entrata nel capitalismo dopo gli altri Paesi dell'Asia orientale, la Cina ha ottenuto vantaggi competitivi nella produzione, oltre a disporre di manodopera abbondante e a basso costo. Anche la creazione di altre ZES (zone economiche speciali) è stata accettata e il governo agisce con decisione alla ricerca di nuovi investimenti stranieri e del trasferimento di *know-how* dalle economie centrali del capitalismo. Gli anni '90 hanno visto l'accelerazione delle misure adottate nel decennio precedente che sono culminate nel *boom* cinese a partire dagli anni 2000. Anche in presenza di un contesto internazionale sfavorevole all'inizio del XXI secolo, la Cina ha utilizzato le sue riserve per continuare a promuovere l'economia locale e continuare a crescere a due cifre all'anno fino alla crisi del 2008. Dal 2008 in poi, la strategia cinese è stata quella di espandere ulteriormente le politiche anticicliche avviate già nel 2002. Oggi la Cina è la seconda economia più grande e viene vista da molti come il principale concorrente dell'egemonia statunitense.

CAPITOLO 4

LA CRESCITA E IL RAFFORZAMENTO DELLE RELAZIONI COMMERCIALI SINO-AMERICANA E LA DISPUTA EGEMONICA

Secondo Cecília Carvalho e Fabrício Catermol (2009), la Cina e gli Stati Uniti sono rimasti in isolamento diplomatico per la maggior parte del XX secolo. Tuttavia, nel 1972, il presidente statunitense Richard Nixon effettuò la prima visita diplomatica tra i due Paesi, mentre Mao Zedong era ancora in vita. Due anni dopo la morte del leader cinese, nel 1979, gli Stati Uniti e la Cina firmarono relazioni diplomatiche ufficiali. Le ragioni di questo riavvicinamento sono da ricercare nella debolezza di entrambi i Paesi negli anni Settanta e nell'insicurezza internazionale dovuta alla Guerra Fredda.

Situata in Asia orientale, la Cina è considerata un ritardatario della tigre asiatica, in quanto ha sviluppato le riforme economiche dopo questi Paesi, ma con lo stesso modello dipendente dalle esportazioni. Tuttavia, molti analisti scommettevano che, grazie alla sua indipendenza geopolitica e alle sue dimensioni demografiche ed economiche, la Cina avrebbe potuto seguire un percorso diverso. Tuttavia, anche con la crisi economica del 2008 e tutti gli altri sconvolgimenti economici e politici, la Cina si trova in una condizione di dipendenza dagli Stati Uniti ancora maggiore rispetto alle altre tigri (HUNG, 2011).

Partendo dall'idea che la Cina rimane oggi subordinata agli Stati Uniti, analizzeremo i dati commerciali, macroeconomici e sociali di entrambi i Paesi per verificare questa tesi e concludere infine sulla possibilità di una competizione egemonica tra i Paesi.

Figura 1 - Esportazioni tra paesi

Fonte: Banca Mondiale (2014)

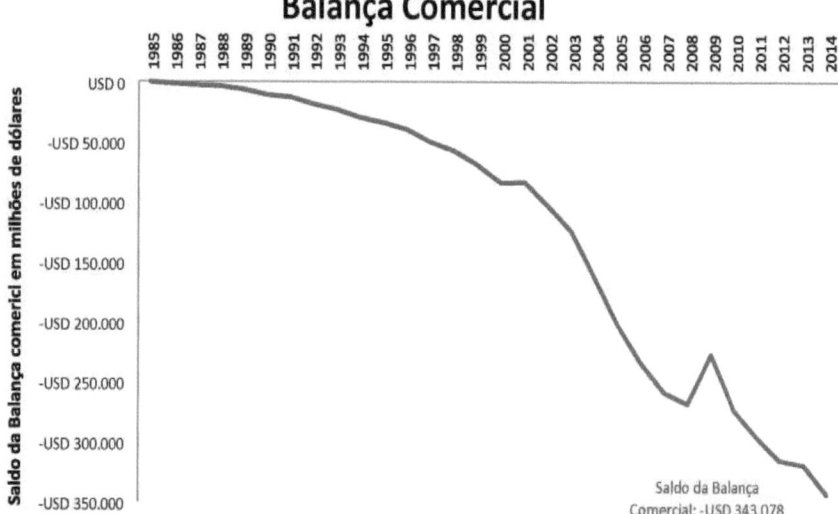

Figura 2 - Bilancia commerciale USA-Cina tra il 1985 e il 2013
Fonte: Banca Mondiale (2014)

Come mostrato nelle figure 1 e 2, a partire dal 1985 i Paesi iniziano a scambiarsi economicamente in piccole quantità, 3.861 milioni di dollari esportati dalla Cina verso gli Stati Uniti e 3.855 milioni di dollari nella direzione opposta. Il commercio tra i due Paesi è equilibrato fino agli anni '90, dopodiché si registra una forte differenza nei flussi commerciali tra i Paesi. Dal 1990 al 2014 il divario commerciale tra questi Paesi è aumentato del 3189%, con un incremento medio annuo del 16,3%.

Oltre al deficit della bilancia dei pagamenti di 343 miliardi di dollari, si è verificato anche un importante cambiamento nella composizione di queste esportazioni. In primo luogo, confronteremo l'evoluzione della composizione delle importazioni statunitensi dalla Cina in quattro periodi: dal 1996 al 2000, dal 2001 al 2005, dal 2006 al 2010 e dal 2011 al 2014.

Produtos que representam menos de 1% da pauta de importações

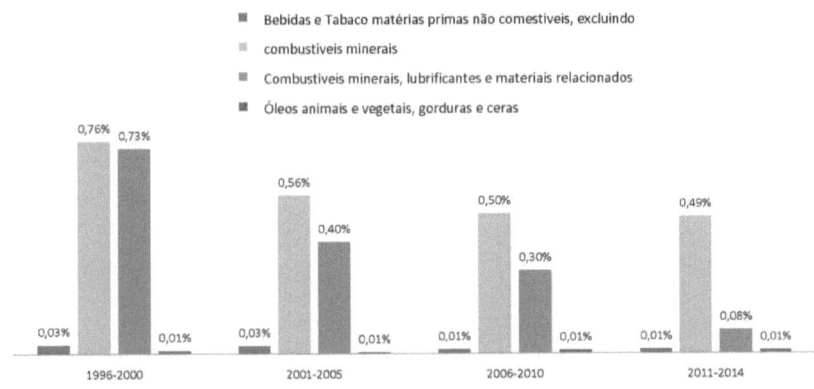

Figura 3 - Prodotti provenienti dalla Cina che rappresentano meno dell'1% della composizione della tariffa di importazione con gli Stati Uniti

Fonte: Ufficio del censimento degli Stati Uniti (2014)

Produtos que representam entre 1 e 4% da pauta de importações

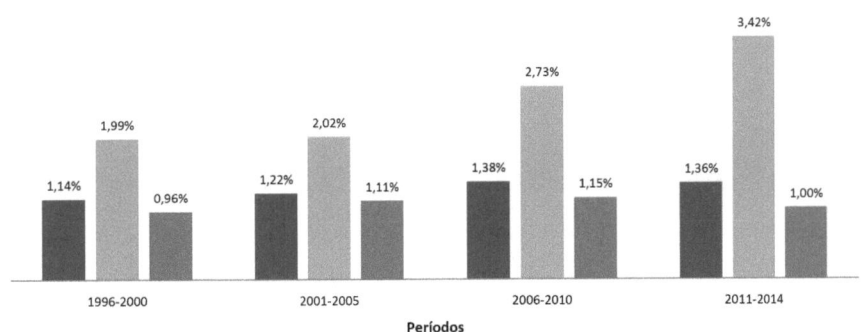

Figura 4 - Prodotti provenienti dalla Cina che rappresentano tra l'1 e il 4 per cento della composizione del paniere delle importazioni USA

Fonte: Ufficio del censimento degli Stati Uniti (2014)

Nella figura 4, si può notare che i prodotti alimentari e i mangimi per animali e i prodotti e le transazioni non classificati altrove rimangono pressoché costanti. Ciò è dovuto in gran parte alla grande popolazione cinese e alla necessità di nutrirla. Non avrebbe quindi senso esportare prodotti alimentari. Inoltre, la Cina è stata un grande importatore di materie prime per garantire la sua produzione e la sua crescita, e non ha senso esportare beni che sono necessari. L'unico gruppo che ha registrato un forte aumento nei periodi analizzati è quello dei prodotti chimici e affini, n.c.a.. È importante notare che tra i gruppi analizzati questo è quello con il più alto valore aggiunto e tecnologia presente. La crescita per questo gruppo è stata del 71,85% tra il 1996 e il 2014.

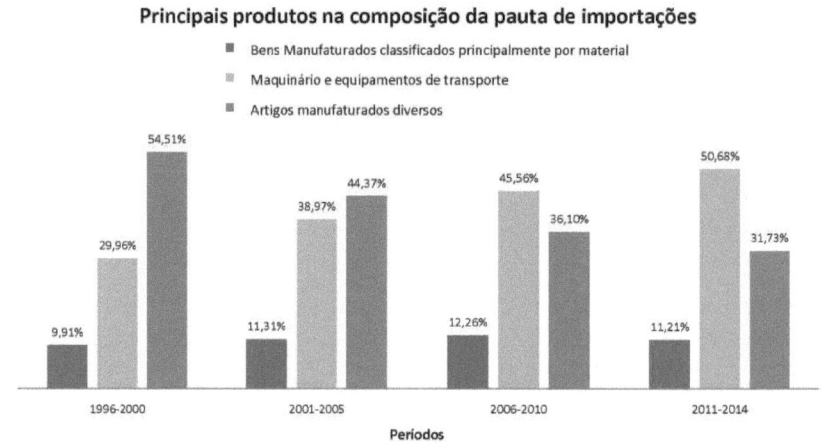

Principais produtos na composição da pauta de importações

- Bens Manufaturados classificados principalmente por material
- Maquinário e equipamentos de transporte
- Artigos manufaturados diversos

Figura 5 - I principali prodotti nella composizione della tariffa d'importazione degli Stati Uniti

Fonte: Ufficio del censimento degli Stati Uniti (2014)

Analizzando le tre figure precedenti (3, 4 e 5), si può notare che tra i prodotti meno importanti nella composizione della tariffa d'importazione la variazione è molto ridotta; vale la pena menzionare solo la diminuzione delle importazioni di materie prime non commestibili, esclusi i combustibili minerali, i lubrificanti e i materiali correlati. Queste voci riflettono l'elevata domanda cinese di questo tipo di beni e la possibilità di non esportarli. Il secondo grafico è composto da prodotti con un peso tra l'1 e il 4% nella composizione della tariffa. Questo gruppo mostra una crescita significativa dei prodotti chimici e affini, mentre il resto rimane pressoché costante. Infine, nel terzo grafico, che rappresenta i principali prodotti nella composizione della tariffa d'importazione, si notano cambiamenti significativi nel settore dei macchinari e dei mezzi di trasporto, dal 29,96% del primo periodo al 50,68% dell'ultimo, mentre gli articoli con un peso tra l'1 e il 4% nella composizione della tariffa d'importazione sono più importanti.

I manufatti vari registrano un calo del 22,78% della quota tra gli stessi periodi, raggiungendo il 31,73%.

Disaggreghiamo ora la composizione della tariffa d'importazione per le due componenti principali del commercio sino-americano: macchinari e mezzi di trasporto e manufatti vari.

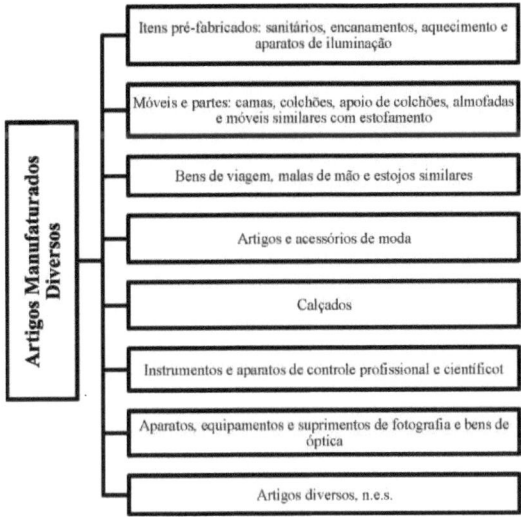

Figura 6 - Composizione della voce manufatti diversi

Fonte: Ufficio del censimento degli Stati Uniti (2015)

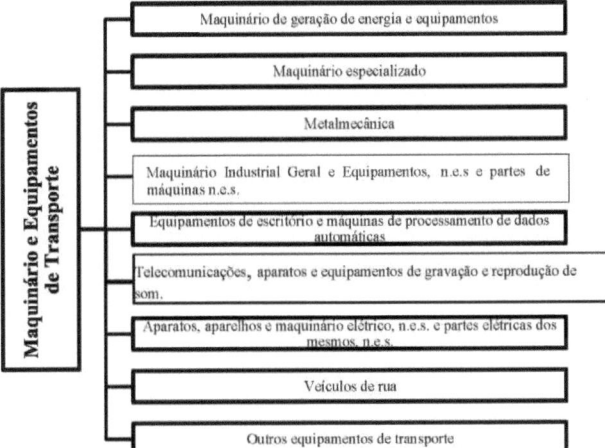

Figura 7 - Composizione della voce macchine e mezzi di trasporto
Fonte: Ufficio del censimento degli Stati Uniti (2014)

Ciò è stato fatto per consentire, a partire dalla definizione dei due principali gruppi di esportazione cinesi, uno sguardo più approfondito. I grafici che seguono riportano la ripartizione di manufatti vari e di macchinari e mezzi di trasporto.

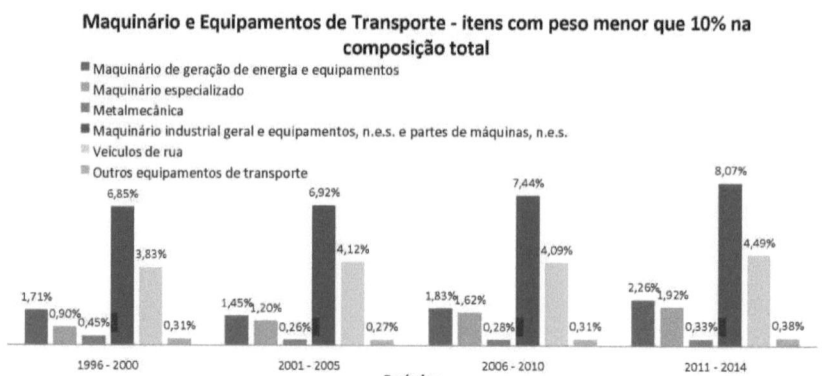

Figura 8 - Ripartizione della tariffa d'importazione per i prodotti con una rappresentanza inferiore al 10% del totale per i macchinari e i mezzi di trasporto

Fonte: Ufficio del censimento degli Stati Uniti (2014)

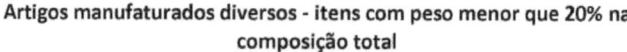

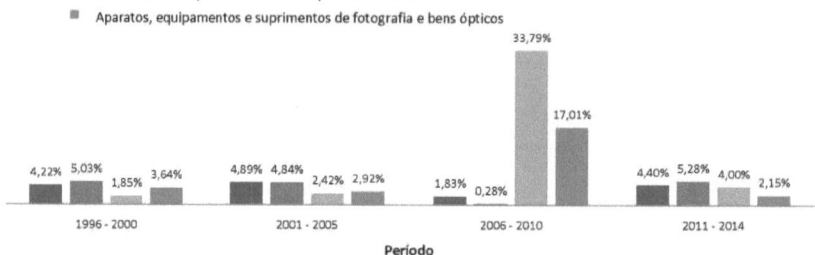

Figura 9 - Ripartizione della tariffa d'importazione per i prodotti che rappresentano meno del 20% del totale dei manufatti vari

Fonte: Ufficio del censimento degli Stati Uniti (2014)

La figura 8 rappresenta le voci con il peso più basso nella composizione dei macchinari e delle attrezzature di trasporto. È interessante notare che le voci che compongono il gruppo rimangono praticamente costanti nel tempo, rappresentando il mantenimento della produzione. Si nota inoltre che, anche nelle voci meno importanti, c'è una crescita significativa in tre settori a più alto valore aggiunto, che sono: macchine e attrezzature industriali generali, veicoli stradali e macchine e attrezzature per la generazione di energia. Tutti questi settori sono ad alta intensità di capitale e hanno un valore aggiunto considerevole.

Tuttavia, se si analizza la composizione dei manufatti vari (figura 9), che sono beni meno complessi,

30

si assiste a un brusco calo della loro importanza, dal momento che nell'ultimo periodo solo una di queste voci rappresenta più del 5% della composizione finale del gruppo; l'unica eccezione è la brusca crescita nel periodo 2006-2010 degli strumenti e apparecchi di controllo professionali e scientifici, ma già nel periodo successivo si ritorna al livello normale.

Vediamo ora le voci principali della composizione di questi gruppi nei grafici che seguono.

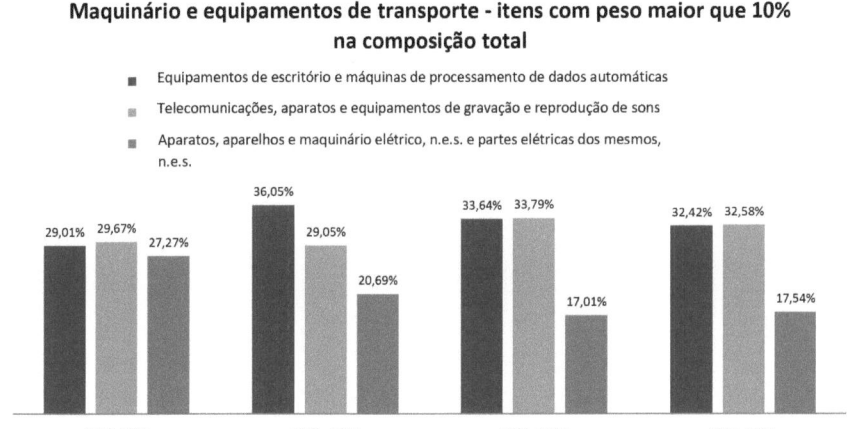

Figura 10 - Ripartizione della tariffa d'importazione per i prodotti con rappresentanza superiore al 10% per i macchinari e i mezzi di trasporto

Fonte: Ufficio del censimento degli Stati Uniti (2014)

Nella figura 10 si può notare che dalla composizione del gruppo "Macchinari e mezzi di trasporto" ai prodotti più rappresentativi della tariffa, non ci sono state grandi variazioni tra i periodi. I cambiamenti degni di nota sono il calo del 35,68% del gruppo "Macchinari e attrezzature per il trasporto".

"Apparecchiature elettriche, elettrodomestici e macchinari" e l'aumento delle voci relative alle telecomunicazioni del 9,8%.

Figura 11 - Ripartizione della tariffa d'importazione per i prodotti con peso superiore al 20% per i manufatti diversi

31

Decomposição da pauta de importações para produtos com peso maior que 20% - Artigos manufaturados diversos

- Móveis e partes: camas, colchões, apoio de colchões, almofadas e móveis similares com estofamento
- Artigos e acessórios de moda
- Calçados
- Artigos diversos, n.e.s

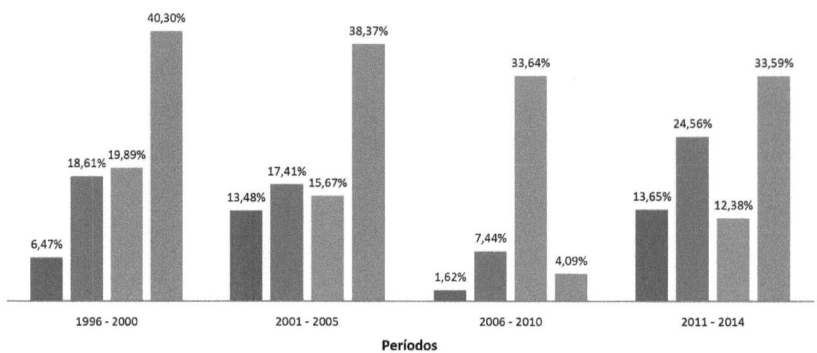

Fonte: Ufficio del censimento degli Stati Uniti (2014)

Per quanto riguarda la figura 11, si nota un forte calo tra gli "Articoli vari", che sono articoli a minor valore aggiunto e complessità tecnologica. Per questa voce si è registrato un calo di

16,65% tra il primo e l'ultimo periodo. D'altra parte, la voce "Articoli e accessori di moda" è quella che ha registrato la crescita maggiore (31,97%), passando dal 18,61% del totale al 24,56%.

Tra le voci che costituiscono il peso maggiore nel gruppo dei macchinari e dei mezzi di trasporto (figura 10), notiamo che due settori crescono e uno diminuisce. Rispettivamente, le telecomunicazioni, gli apparecchi e le attrezzature per la registrazione e la riproduzione del suono e le macchine per ufficio registrano un aumento nel tempo, mentre le apparecchiature elettriche, gli apparecchi e i macchinari diminuiscono. Le telecomunicazioni sono cresciute del 9,8% tra i periodi e il settore delle apparecchiature per ufficio dell'11,75%. Ancora una volta, si nota il movimento verso un aumento delle esportazioni di prodotti più complessi e una diminuzione di quelli meno complessi.

Nella figura 11, tra i manufatti, si nota un calo generalizzato in tutti i gruppi. In particolare, i mobili e le loro parti sono diminuiti di quasi il 7%, gli articoli e gli accessori di moda di oltre il 10%, le calzature di circa il 22% e, sorprendentemente, i manufatti vari di oltre il 50%. Vale la pena notare che tutti gli articoli che compongono questo gruppo sono di bassa complessità economica e, dal modello presentato finora, sembra che la strategia cinese per i prossimi anni sia quella di ridurre la propria partecipazione in prodotti a basso valore aggiunto e aumentare quella in aree a più alto valore.

32

Per corroborare questa affermazione, mostriamo la composizione della voce che diminuisce maggiormente in questo gruppo, gli articoli vari.

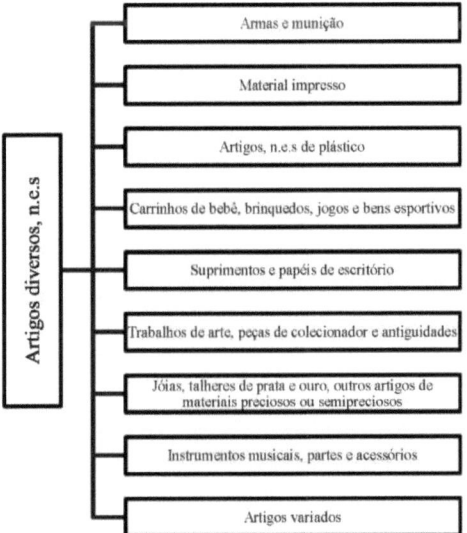

Figura 12 - Composizione della voce Articoli vari non specificati altrove

Fonte: Ufficio del censimento degli Stati Uniti (2014)

Per questo motivo, l'intenzione del governo cinese di reinserire la Cina nel mercato mondiale con prodotti di maggiore sofisticazione e a più alto valore aggiunto, vedremo l'indice di complessità economica, che viene calcolato dall'*Osservatorio della complessità economica dell'*Università di Harvard. L'indice di complessità economica cerca di misurare la qualità tecnologica della produzione di un Paese analizzando le sue capacità produttive e mettendole in relazione con gli indicatori educativi, economici e tecnologici necessari per produrre un determinato bene. Più alto è il valore dell'indice, maggiore è la capacità di quell'economia di produrre beni a più alto valore aggiunto e tecnologia. La figura 13 mostra il grado di complessità dell'economia cinese negli ultimi 40 anni.

Figura 13 - Cambiamenti nella complessità economica della Cina

Fonte: Osservatorio della complessità economica (2012)

Ora, come possiamo mettere in relazione questa crescita quantitativa e qualitativa della produzione e del commercio estero cinese con una possibilità di competizione egemonica con gli Stati Uniti, il suo principale partner commerciale?

Per autori come Arrighi e Wallerstein, l'egemonia statunitense è in pieno declino. Arrighi affronta addirittura la questione non più come egemonia statunitense, ma come dominio senza egemonia, nel suo libro Adam Smith a Pechino (2010). Per questo motivo, questi autori considerano la Cina come il principale concorrente per la posizione egemonica nel sistema interstatale. Ciò è dovuto in gran parte alla performance economica dimostrata dalla Cina. Avendo già analizzato i dati commerciali, passiamo ora a quelli socio-economici.

Nell'ultimo quarto del XX secolo, il mondo ha seguito la crescita del prodotto interno lordo (PIL) cinese. Anno dopo anno, il PIL si avvicina o supera la crescita percentuale a due cifre. Prima di analizzare il grafico, vale la pena di notare che il modello di crescita e sviluppo adottato in Cina è strettamente legato alle esportazioni, che sono fortemente correlate.

Figura 14 - PIL cinese ed esportazioni totali verso gli USA in dollari correnti

Fonte: Banca Mondiale (2013)

La crescita concomitante tra esportazioni e PIL, come illustrato nella Figura 14, ha fornito una possibilità unica di stimolo e investimento nel Paese. Secondo la rivista *The Economist*, con una crescita del PIL dell'impressionante 4879% dal 1980, la Cina dovrebbe diventare più grande dell'economia statunitense entro il 2021 (*The Economist*, 2014). Inoltre, l'Atlante della complessità *economica* dell'*Observatory of Economic* Complexity stima che la Cina avrà la più alta crescita del reddito pro capite al mondo, passando da 3.774 dollari nel 2009 a 5.962 dollari nel 2020, con una crescita media prevista del 4,32% all'anno.

34

Tutta questa crescita ha reso la Cina una delle principali destinazioni mondiali per gli investimenti diretti esteri (IDE). Il riflesso di ciò è la diversificazione e la crescita della produzione cinese nel corso degli anni per rifornire i mercati mondiali. Gran parte di questi investimenti proviene dagli Stati Uniti, in quanto le aziende nordamericane sono tra i principali esternalizzatori di servizi e produzione del Paese. Il grafico seguente rappresenta la crescita degli IDE da qualsiasi Paese verso la Cina negli ultimi anni.

La combinazione di aumento degli IDE, delle esportazioni e del PIL ha fatto sì che (figura 15) la Cina diventasse il maggior detentore di titoli del Tesoro statunitense. Le riserve valutarie della Cina sono cresciute del 38.355% nel periodo tra il 1980 e il 2013, partendo da 10.090.779.282 dollari e raggiungendo 3.880.368.275.099 dollari, come mostrato nella figura 16.

Figura 15 - Investimenti diretti esteri in milioni di dollari correnti ed esportazioni verso gli USA

Fonte: UNCTAD (2013)

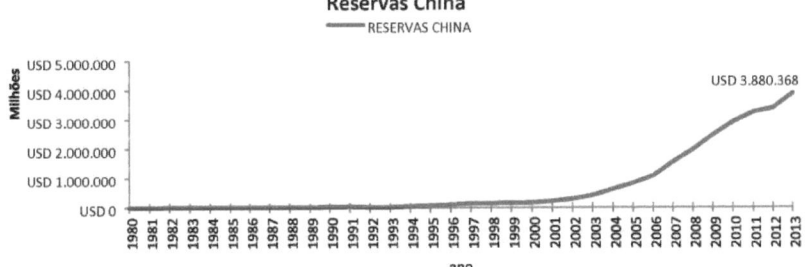

Figura 16 - Riserve totali della Cina, compreso l'oro

Fonte: Banca Mondiale (2013)

La somma di questi fattori consolida la Cina come potenziale concorrente dell'egemonia statunitense.

Vediamo ora le attuali condizioni di competizione tra questi due Paesi, considerandone alcuni aspetti.

Oggi l'economia statunitense rimane la più grande del mondo, con una grande capacità innovativa e un alto grado di complessità economica, anche se non la più grande. Inoltre, la sua capacità militare rimane la più tecnologica e ad alta intensità di risorse.

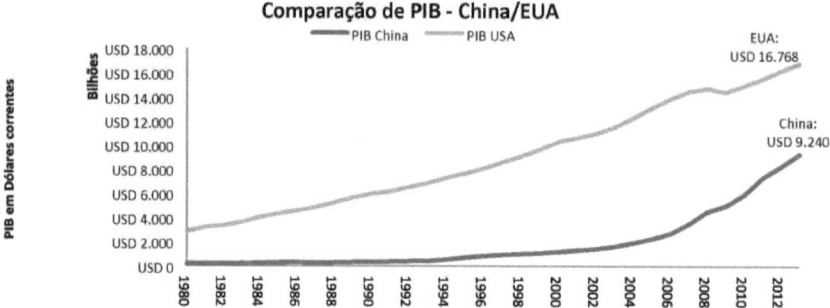

Figura 17   - PIL in dollari correnti dal 1980 al 2012: Cina vs. Stati Uniti

Fonte: Banca Mondiale (2013)

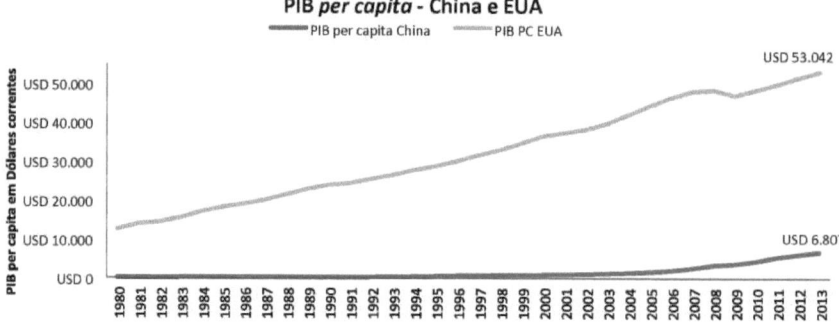

Figura 18   - Prodotto interno lordo *pro capite* Cina vs. Stati Uniti

Fonte: Banca Mondiale (2013)

Confrontando le economie si nota subito che, anche con una grande crescita del PIL, la Cina ha un PIL pro capite circa 9 volte inferiore a quello degli Stati Uniti. Mentre il PIL della Cina nel 2013 era di 6.807 dollari, quello degli Stati Uniti era di 53.042 dollari. Questi dati dimostrano una verità ben nota: il mercato interno degli Stati Uniti è il più forte al mondo, mentre la Cina non ha un mercato interno rilevante (in termini comparativi di reddito pro capite), soprattutto a causa della strategia di crescita guidata dalle esportazioni adottata dal Paese negli ultimi 30 anni.

La strategia di crescita guidata dalle esportazioni della Cina non è riuscita a dare priorità ai settori interni dell'economia, anche se il parco industriale cinese è completamente diversificato e in grado di competere sui mercati mondiali. Inoltre, la crescita media della produzione dal 1999 al 2011 è stata del 13%, con l'anno migliore che è stato il 2003 con un aumento del 30,4% e l'anno peggiore che è stato il 1999 con un aumento di solo l'8,8%. Nel frattempo, gli Stati Uniti hanno registrato un tasso medio del 2,4%, con la migliore performance nel 2000, con un aumento della produzione del 5,6%. Tuttavia, hanno registrato quattro anni di calo della produzione, il maggiore dei quali nel 2009, con una riduzione del 5,5%, come illustrato nella Figura 19.

Figura 19   - Tasso di crescita della produzione in percentuale: Cina vs. Stati Uniti

Fonte: indexmundi (2011)

Sempre in relazione alla produzione, oltre all'aumento del volume di produzione, la Cina è cresciuta qualitativamente. In termini di istruzione, il numero di cinesi che frequentano l'istruzione terziaria è di 122.044.794 studenti, mentre negli Stati Uniti è di 122.044.794.

22.268.612 studenti (UNESCO, 2012).

37

Participação na educação terciária por 100.000 habitantes

- Participação na educação terciária por 100.000 habitantes EUA
- Participação na educação terciária por 100.000 habitantes China

Figura 20   - Confronto Cina vs. Stati Uniti: partecipazione all'istruzione terziaria per 100.000 abitanti

Fonte: Unesco (2012)

L'analisi della quantità di studenti mostra che la Cina è un mercato del lavoro qualificato senza rivali. Nonostante ciò, vi sono ancora differenze nella spesa per l'innovazione tra i Paesi, come mostrato nella figura 21 di seguito.

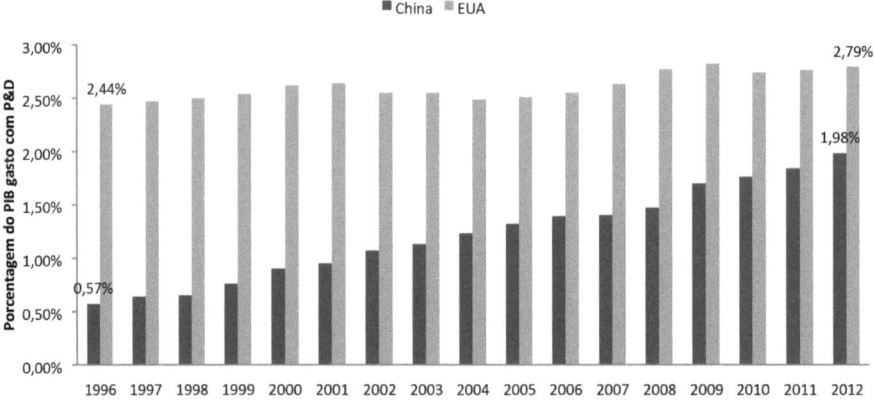

Gastos em P&D como porcentagem do PIB

■ China ■ EUA

Figura 21   - Confronto tra Cina e Stati Uniti: spesa per ricerca e sviluppo (R&S) in percentuale del prodotto interno lordo (PIL)

Fonte: Unesco (2012)

Anche se ancora a livelli inferiori, la crescita della Cina nella spesa per la R&S è notevole. Vale la pena notare la tendenza all'aumento della spesa in R&S rispetto al PIL in Cina, mentre gli Stati Uniti rimangono praticamente costanti. Infine, c'è un avvicinamento nella complessità economica tra i due Paesi: nel 1998, gli Stati Uniti erano 1,48 punti avanti alla Cina; nel 2012, questa differenza è scesa a 0,4, come mostrato nella Figura 22.

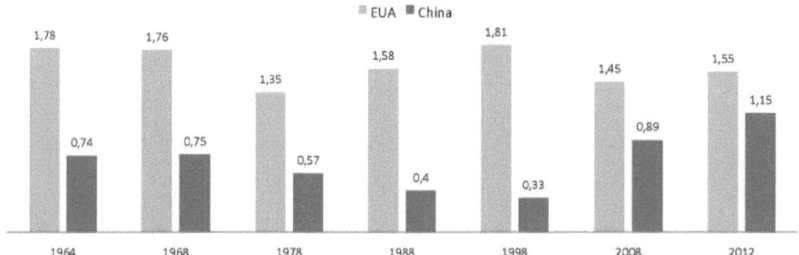

Figura 22   - Confronto tra Cina e Stati Uniti: cambiamenti nella complessità economica

Fonte: Osservatorio della complessità economica (2012)

Dall'analisi di questi dati si possono quindi trarre alcune conclusioni. La crescita economica cinese non ha precedenti nella storia del capitalismo. Negli anni '70 l'economia cinese non era tra le più grandi del mondo, ma con l'utilizzo del modello di esportazione già comune in Asia orientale, in 40 anni la Cina è la seconda economia del sistema interstatale, con previsioni di sorpasso sugli Stati Uniti nel breve periodo.

In concomitanza con la crescita economica basata sulle esportazioni, la Cina ha registrato una forte crescita delle sue riserve monetarie e ora è il secondo maggior detentore di titoli di Stato statunitensi al di fuori degli Stati Uniti, con 1.200 miliardi di dollari in suo possesso. (RYLEY, 2015) Inoltre, il totale delle riserve, compreso l'oro e altri titoli, del governo cinese è di 3.880.368.275.099 dollari, essendo di gran lunga il Paese con il maggior ammontare di riserve al mondo. (BANCA MONDIALE, 2013) Questa situazione li pone in una posizione privilegiata in relazione alle tempeste economiche e anche in relazione alla pianificazione della loro economia.

Allo stesso modo, le esportazioni cinesi hanno registrato una crescita totale del 11989% tra il 1985 e il 2014, solo verso gli Stati Uniti, senza considerare il resto del mondo. Secondo l'Osservatorio della complessità economica del MIT (Massachussets *Institute of Technolgy*) i primi sei partner commerciali della Cina sono: Stati Uniti (19%), Hong Kong (11%), Giappone (8,3%), Germania (4,4%) e Regno Unito (2,5%). Con l'eccezione del Regno Unito, gli stessi paesi costituiscono i principali paesi da cui la Cina importa, ma tutti con saldi commerciali negativi, cioè importano dalla Cina più di quanto esportano verso di essa.

Oltre all'impressionante crescita quantitativa delle esportazioni cinesi, Gereffi (2008) sottolinea l'upgrading industriale nel Paese, come lo definisce: *"L'upgrading industriale è definito come il processo attraverso il quale gli attori economici - nazioni, imprese e lavoratori - passano da attività a basso valore a attività a valore relativamente alto nelle reti di produzione globali"*[1] . Tale movimento è percepibile nell'analisi delle figure 10 e 11, dove si può notare il movimento di aumento delle esportazioni di prodotti a maggiore intensità tecnologica e di diminuzione di quelli a minore intensità tecnologica. Nel loro stesso articolo, Brandt e Rawski (2005) *apud* Gereffi (2008) notano che *"gli IDE hanno portato nel Paese sia beni capitali che alta tecnologia e hanno contribuito a spostare il mix delle esportazioni cinesi da attività ad alta intensità di manodopera "non qualificata" ad attività ad alta intensità di manodopera "qualificata" e hanno incrementato le esportazioni cinesi nei settori ad alta intensità di capitale e tecnologia"*[2] (p. 40). Il grafico 13 mostra questo movimento in forma condensata: l'economia cinese è passata da 0,33 punti di complessità economica nel 1998 a 1,15 punti nel 2012, dimostrando una vigorosa crescita qualitativa della produzione.

Sempre in relazione alla capacità qualitativa della produzione cinese, si registra una crescita costante della spesa per la R&S in proporzione al PIL, come mostra la figura 21. A conferma di questa affermazione, la Cina è diventata una delle principali destinazioni mondiali per la R&S grazie all'alta qualità e al basso costo dei suoi ingegneri e alla capacità potenziale del suo mercato interno. Nel 1997 la Cina aveva meno di 50 centri di R&S multinazionali, mentre nel 2004 ne contava più di 600 (GEREFFI, 2008).

Tutto ciò è stato reso possibile dalla simbiosi tra governo ed economia. Vale la pena sottolineare alcune caratteristiche chiave di questo modello: (1) affidamento al mercato come meccanismo di crescita economica; (2) ricerca intensiva e aggressiva di investimenti diretti esteri; (3) apertura del mercato interno al mondo esterno; (4) utilizzo di manodopera a basso costo per partecipare all'economia globale; (5) armonia nell'economia locale, enfatizzando la supervisione "indulgente" piuttosto che l'ispezione e il controllo; (6) valorizzazione della crescita e del *miglioramento*, anche a scapito della stabilità sociale (GAO, 2006 *APUD* GEREFFI, 2008).

Questa combinazione di fattori interni ed esterni ha trasformato la Cina da economia emergente a metà degli anni Duemila nella principale potenza che oggi compete con l'egemonia statunitense. Concluderemo qui di seguito sulle possibilità di egemonia cinese in futuro.

CAPITOLO 5

CONCLUSIONE

La crescita cinese degli ultimi 30 anni non ha precedenti nella storia moderna del capitalismo. In questo periodo la Cina è passata da un'economia emergente a quella potenzialmente più grande, in termini di PIL, del mondo già nel 2021. Inoltre, la crescita della produzione e l'aumento della sua qualità sono importanti per posizionare la Cina come uno dei principali concorrenti del capitalismo globale.

Nello stesso periodo, gli Stati Uniti hanno subito diversi attacchi e shock alla loro egemonia. Dopo la rottura del gold standard nel 1970, analisti come Arrighi e Wallerstein già indicavano un'egemonia in declino. Inoltre, dopo il crollo dell'Unione Sovietica e la fine della Guerra Fredda nel contesto internazionale, invece di registrare un forte consolidamento della propria posizione, si è notato un crescente deterioramento e dubbio riguardo a questa egemonia. Guerre senza successo - il Golfo e l'Afghanistan, ad esempio - hanno messo in discussione l'efficienza e la superiorità bellica degli Stati Uniti. Si sa che sono i più tecnologici, ma non si fregiano del titolo di più efficienti.

Inoltre, la notevole crescita dei Paesi emergenti nel contesto diplomatico internazionale, ad esempio con il G20, ha messo la diplomazia di Washington in situazioni sempre più complicate nella politica internazionale. Esistono già nuove forze geopolitiche interessate a minare il dominio statunitense a favore di una politica più favorevole ai Paesi in via di sviluppo globali.

In questo contesto di scossa all'egemonia statunitense, la Cina è emersa come un potenziale concorrente in questo gioco di dominio globale. Tuttavia, quali sarebbero i reali interessi a breve termine della Cina nel prendere il posto degli Stati Uniti nel mondo? Sembra irrealistico dirlo, perché il modello di sviluppo cinese non permetterebbe una rottura delle relazioni sino-americane.

L'economia cinese è il maggior detentore di titoli di Stato statunitensi, quindi a cosa servirebbero questi titoli in caso di collasso degli Stati Uniti sulla scena globale e di un concomitante scambio di valuta forte nel sistema internazionale? Non sembra interessante per la Cina vedere che quasi duemila miliardi di dollari di riserve potrebbero perdere il loro valore. Inoltre, data la propensione all'esportazione, il principale partner commerciale della Cina e uno dei principali investitori nella sua economia sono gli Stati Uniti, il che rende la crescita cinese fortemente legata alle mosse di Washington. Ancora una volta, la rottura di queste relazioni non sembra favorevole.

Inoltre, nonostante l'aumento della spesa in R&S e il notevole incremento della qualità delle sue esportazioni, la Cina è ancora in ritardo rispetto agli Stati Uniti e ad altri Paesi centrali del sistema interstatale nella produzione di beni ad alta tecnologia e valore aggiunto. Anche se gli investimenti sono aumentati, soprattutto negli ultimi 10 anni, la strada da percorrere per superare gli Stati Uniti è ancora lunga.

Infine, il reddito pro capite in Cina rimane molto più basso di quello degli Stati Uniti. Nonostante l'enorme popolazione, che rende il mercato interno interessante per il suo volume, la disparità tra le due economie è evidente. Il mercato nordamericano rimane e, almeno fino alle stime del 2020, rimarrà più grande sia in termini di volume che di capacità di consumo pro capite.

Si può quindi concludere che la Cina non è ancora in grado di competere per la posizione di egemone nel sistema interstatale, poiché è in ritardo rispetto agli Stati Uniti praticamente in tutti i settori analizzati in questo documento. È inoltre importante notare che, anche con la crescita della spesa negli ultimi 10 anni, gli Stati Uniti si trovano oggi in una situazione di sviluppo molto più elevata, il che significa che la Cina ha bisogno di investimenti molto più consistenti in termini generali solo per eguagliare gli Stati Uniti; per superarli ci vorranno ancora molti anni.

La possibilità di una competizione egemonica tra questi due Paesi rimane viva, ma su orizzonti più a lungo termine. Soprattutto ora che il governo cinese ha in programma di espandere e investire nei consumi interni del Paese, potenzialmente dando potere economico alla sua popolazione a tassi più alti di quelli attuali e diminuendo la sua dipendenza dall'esterno.

RIFERIMENTI

ARIENTI, Wagner Leal; FILOMENO, Felipe Amin. Economia politica del sistema mondiale moderno: i contributi di Wallerstein, Braudel e Arrighi. **Ensaios Fee,** Porto Alegre, v. 28, n. 1, p.99-126, giugno 2006. Disponibile all'indirizzo: <http://revistas.fee.tche.br/index.php/ensaios/article/viewFile/2138/2522>. Accesso: 21 luglio 2015.

ARMSTRONG, Rodrigo Penteado. La politica estera nordamericana: analisi storica delle divergenze partitiche. In: INCONTRO NAZIONALE DELL'ASSOCIAÇÃO RELAZIONI INTERNAZIONALI BRASILIANE, 4, 2013, Belo Horizonte. **Atti.** Belo Horizonte: Associazione Brasiliana di Relazioni Internazionali, 2013. p. 1-16. Disponibile all'indirizzo: < http://www.encontronacional2013.abri.org.br/arquivo/download?ID_ARQUIVO=2693&ei=S y-QVZKSK8Ho-

AGX54PoDQ&usg=AFQjCNGXxAYwcj6QyohRUnfj5S9fosB9w&sig2=cd8gZCsTc5FWcA _E2I3aYw&bvm=bv.96783405,d.cWw>. Accesso: 01 apr. 2015.

ARRIGHI, Giovanni. **Adam Smith a Pechino**: origini e fondamenti del XXI secolo. SÃO PAULO: BOITEMPO EDITORIAL, 2008, 428 p. Traduzione di Beatriz Medina

ARRIGHI, Giovanni. **Il lungo XX secolo:** denaro, potere e le origini del nostro tempo. Rio de Janeiro: Contraponto, 1996. 393 p. Traduzione di Vera Ribeiro.

BELLUZZO, Luiz Gonzaga de Mello. Il declino di Bretton Woods e l'emergere dei mercati "globalizzati". **Economia e Sociedade,** Campinas, v. 4, p.11-20, giugno 1995. Semestrale. Disponibile a: <http://www.eco.unicamp.br/docprod/downarq.php?id=421&tp=a>. Accesso: 03 febbraio 2015.

CARVALHO, Cecília; CATERMOL, Fabrício. Le relazioni economiche tra Cina e Stati Uniti: salvataggio storico e implicazioni. **Revista do Bndes,** Brasília, v. 16, n. 31, p.215-252, giugno 2009. Disponibile a: <http://www.bndes.gov.br/SiteBNDES/export/sites/default/bndes_pt/Galerias/Arquivos/conhe cemento/revisione/rev3108.pdf>. Accesso: 15 maggio 2015.

CARVALHO, Fernando Cardim de. Bretton Woods a 60 anni. **Revista Novos Estudos,** São Paulo, n. 70, p. 51-63, novembre 2004. Disponibile su: <http://novosestudos.uol.com.br/v1/files/uploads/contents/104/20080627_bretton_woods.pdf>. Accesso: 06 apr. 2015.

CENSUS: Disponibile su http://censtats.census.gov/ . Accesso al 02 giugno 2015.

CIA FACTBOOK: disponibile all'indirizzo https://www.cia.gov/library/publications/the-worldfactbook/ . Accesso al 02 giugno 2015

COSTA, Jales Dantas. **Crisi di egemonia o nuovo impero nordamericano:** un confronto tra l'economia politica dei sistemi mondiali e la nuova economia politica del sistema mondiale. 2005. 132 f. Dissertazione (Master) - Corso di Scienze Economiche, Centro Socioeconomico, Università Federale di Santa Catarina, Florianópolis, 2005.

FERNANDES, Cláudio. **La seconda guerra mondiale.** Disponibile a: <http://www.historiadomundo.com.br/idade-contemporanea/segunda-guerra-mundial.htm>. Accesso: 04 apr. 2015.

FERRARI FILHO, Fernando. La moneta internazionale nell'economia di Keynes. **Ensaios Fee,** Porto Alegre, v. 15, n. 1, p.98-110, giugno 1994. Semestrale. Disponibile all'indirizzo: <http://revistas.fee.tche.br/index.php/ensaios/article/view/1678>. Accesso: 04 apr. 2015.

FERRARI FILHO, Fernando. Le concezioni teorico-analitiche di Keynes e le proposte di politica economica. **Revista de Economia Contemporânea,** Rio de Janeiro, v. 10, n. 2, p.213-236, maggio 2015. Trimestrale. Disponibile a: <http://www.ie.ufrj.br/images/blog/REC_10.2_01_Concepcoes-teorico-analiticas- eproposicoses-de-politica-economica-de-keynes.pdf>. Accesso: 06 apr. 2015.

GEREFFI, Gary. Modelli di sviluppo e potenziamento industriale in Cina e Messico. **European Sociological Review,** Oxford, v. 25, n. 1, p. 37-51, luglio 2008. Disponibile a: <http://www.cggc.duke.edu/pdfs/Gereffi_Development_&_upgrading_in_China_&_Mex_Eur opean_Soc_Review_Feb_2009[1].pdf>. Accesso: 12 maggio 2015.

HARRIS, Joel. **La storia dell'economia degli anni '90.** 2010. Disponibile all'indirizzo: <http://www.economics21.org/commentary/story-1990s-economy>. Accesso: 03 apr. 2015.

HUNG, Ho-fung. Il braccio destro degli Stati Uniti: il dilemma della Repubblica Popolare Cinese nella crisi globale. **Novos Estudos,** São Paulo, v. 89, n. 1, p.17-37, mar. 2011.

HUNG, Ho-fung. Crisi globale, Cina e la strana scomparsa del modello dell'Asia orientale. **Swiss Journal Of Sociology,** Zurigo, v. 34, n. 2, p. 305-320, maggio 2008.

HUNG, Ho-fung. L'ascesa della Cina e la crisi di sovraccumulazione globale. **Review Of International Political Economy,** Bloomington, v. 15, n. 2, p. 147-179, maggio 2008.

INDEXMUNDI: Disponibile all'indirizzo http://www.indexmundi.com/pt/ . Accesso al 02 giugno 2015.

IKENBERRY, Gilford John. Il mito del caos post-guerra fredda. **Estero**

Affairs, Washington, v. 75, n. 3, p. 79-91, maggio 1996. Mensile. Disponibile all'indirizzo: <https://www.foreignaffairs.org/articles/1996-05-01/myth-post-cold-war-chaos>. Accesso: 03 mar. 2015.

IKENBERRY, John Gilford. Le origini politiche di Bretton Woods. In: BORDO, Michael; EINCHENGREEN, Barry (a cura di). **A Retrospective on the Bretton Woods System:** Lessons for International Monetary Reform. Chicago: University of Chicago Press, 1993. Cap. 3. p. 155-198. Disponibile all'indirizzo: <http://www.nber.org/chapters/c6869.pdf>. Accesso: 08 apr. 2015.

JACOB, Edwin Daniel. **Mao e il Grande balzo in avanti.** 2013. Disponibile all'indirizzo: <http://www.ncas.rutgers.edu/mao-and-great-leap-forward>. Accesso: 29 giugno 2015.

LEÃO, Bruno Guerra Carneiro. Le **relazioni economiche tra Stati Uniti e Cina all'inizio del XXI secolo:** analisi alla luce delle dinamiche contrastanti della geopolitica e della globalizzazione. 2009. 278 f. Tesi di dottorato - Corso di Relazioni Internazionali, Dipartimento di Relazioni Internazionali, Università di Brasilia, Brasilia, 2009.

MORE: meccanismo online per i riferimenti, versione 2.0. Florianópolis: UFSC Rexlab, 2013.

MILARÉ, Luis Felipe Lopes; DIEGUES, Antonio Carlos. Contributi dell'era di Mao Zedong all'industrializzazione cinese.**Revista de Economia Contemporânea,** Rio de Janeiro, v. 16, n. 2, p.359-378, maggio 2012. Disponibile a: <http://www.ie.ufrj.br/images/blog/REC_16.2_009_CONTRIBUICOES_DA_ERA_MAO_T S-TUNG_PARA_A_INDUSTRIALISACO_CHINESA.pdf>. Accesso: 29 giugno 2015.

MUNHOZ, Sidnei José. Oltre il muro di Berlino e altri muri. **Rivista Spazio Accademico,** Maringá, n. 102, p.50-61, novembre 2009. Disponibile all'indirizzo: <http://periodicos.uem.br/ojs/index.php/EspacoAcademico/article/view/8665>. Accesso: 05 apr. 2015.

NONNENBERG, Marcelo José Braga. Cina: stabilità e crescita economica. **Revista de Economia Política,** São Paulo, v. 30, n. 2, p.201-218, aprile 2010. Disponibile all'indirizzo: <http://www.scielo.br/scielo.php?pid=S0101-31572010000200002 &script=sci_arttext>. Accesso: 08 mar. 2015.

OLIVEIRA, Amaury Porto de. Il salto qualitativo di un'economia continentale. **Política Externa,** São Paulo, v. 11, n. 4, p.6-13, maggio 2003.

OLIVEIRA, Giuliano Contento de; MAIA, Geraldo; MARIANO, Jefferson. IL SISTEMA DI BRETTON WOODS E LE DINAMICHE DEL SISTEMA MONETARIO INTERNAZIONALE CONTEMPORANEO. **Pesquisa & Debate,** São Paulo, v. 19, n. 2, p.195-219, febbraio 2008. Disponibile all'indirizzo: <http://www.eco.unicamp.br/docprod/downarq.php?id=3288&tp=a>. Accesso: 15 luglio 2015.

RILEY, Charles. Il **Giappone detiene ora più debito americano della Cina.** 2015. Disponibile all'indirizzo: <http://money.cnn.com/2015/04/15/news/economy/japan-china-us-debt-treasury>. Accesso: 15 giugno 2015

ROTHBARD, Murray. **Le crisi monetarie mondiali:** fase V: Bretton Woods e il nuovo standard americano di cambio aureo, 1945-1968. 2010. Disponibile all'indirizzo: <http://www.mises.org.br/Article.aspx?id=258#Parte6>. Accesso: 02 febbraio 2015.

SZCZEPANSKI, Kallie. **Che cos'è stata la Rivoluzione culturale?** Disponibile su: <http://asianhistory.about.com/od/modernchina/f/What-Was-The-Cultural-Revolution.htm>. Accesso: 29 giugno 2015.

SIMON, Silvana Aline Soares. DA BRETTON WOODS AL PIANO MARSHALL: LA POLITICA ESTERA AMERICANA VERSO L'EUROPA (1944-1952). **Relazioni internazionali nel mondo attuale,** Curitiba, v. 2, n. 14, p.24-47, giugno 2011. Disponibile all'indirizzo: <http://revista.unicuritiba.edu.br/index.php/RIMA/article/viewFile/196/171>. Accesso: 05 febbraio 2015.

TAVARES, Maria Conceição. Il ritorno dell'egemonia nordamericana. **Revista de Economia Política,** São Paulo, v. 5, n. 2, p.5-15, maggio 1985. Disponibile all'indirizzo: <http://www.rep.org.br/pdf/18-1.pdf>. Accesso: 04 aprile 2015.

TAVARES, Maria Conceição; BELLUZZO, Luiz Gonzaga. La globalizzazione del capitale e l'espansione del potere americano. In: **Il potere americano.** Editore: Vozes. Petrópolis. p. 111138.

Osservatorio della complessità economica: disponibile all'indirizzo https://atlas.media.mit.edu/pt/. Accesso al 02 giugno 2015.

UNCTAD: Disponibile all'indirizzo http://unctadstat.unctad.org/EN/ . Accesso al 02 giugno 2015.

Unesco: Disponibile all'indirizzo http://data.uis.unesco.org/. Accesso al 02 giugno 2015.

VASCONCELLOS, Carlos-Magno Esteves; MANSANI, Roberta de Souza. Le Conferenze internazionali di Yalta e Potsdam e il loro contributo alla costruzione dell'egemonia economica internazionale nordamericana nel capitalismo del secondo dopoguerra. **Relazioni internazionali nel mondo attuale,** Curitiba, v. 2, n. 18, p.41-55, giugno 2013. Disponibile a:

<http://revista.unicuritiba.edu.br/index.php/RIMA/article/view/731>. Accesso: 04 mar. 2015.

VIEIRA, Giuliano Contento; MAIA, Geraldo; MARIANO, Jefferson. IL SISTEMA DI BRETTON WOODS E LE DINAMICHE DEL SISTEMA MONETARIO INTERNAZIONALE CONTEMPORANEO. **Pesquisa & Debate,** São Paulo, v. 19, n. 234, p.195-219, giugno 2008. Semestrale. Disponibile all'indirizzo: <http://revistas.pucsp.br/index.php/rpe/article/view/7570/5510>. Accesso: 03 apr. 2015.

WALLERSTEIN, Immanuel. **Il declino del potere americano: gli** Stati Uniti in un mondo caotico. Rio de Janeiro: Contraponto, 2004. 316 p. Traduzione di Elsa T.S. Vieira.

BANCA MONDIALE. Disponibile all'indirizzo http://data.worldbank.org/. Accesso al 02 giugno 2015